Peter Braun

Schiller, Tod und Teufel

Peter Braun

SCHILLER, TOD UND TEUFEL

Rede des Herrn von G.
vor einem Totenschädel

Artemis & Winkler

Für Jeanne

Die Deutsche Bibliothek verzeichnet diese Publikation
in der Deutschen Nationalbibliographie; detaillierte
bibliographische Daten sind im Internet unter
http://dnb.ddb.de abrufbar.

Umschlaggestaltung: Groothuis, Lohfert, Consorten | glcons.de
Druck und Bindung: fgb · freiburger graphische betriebe
ISBN 3-538-07198-5
www.patmos.de

Nacht. Ein weiß gestrichenes Zimmer. Ein Vorhang vor einem Fenster. Eine geschlossene Tür, darin eine Klappe. Das Eisengestell eines Bettes. In einem Regal Bücher. Eine Schillerbüste. Ein Tisch. Ein Lehnstuhl. Ein leerer Stuhl, den er anspricht, als ob einer darauf säße. Brennende Kerzen. Ein Bündel Papiere. Eine leere Staffelei. An einem Kleiderständer ein grüner Festtagsrock, Seidenstrümpfe, Hemd, Schnallenschuhe, ein Spielzeugdegen, die er sich nach und nach bis zum Ende des Stückes anlegt. Auf seinen Knien wiegt er ein blaues Samtkissen. Darauf ein Schädel mit einer alten Perücke. Er singt vor sich hin: »Es ist ein Schnitter, der heißt Tod.«

I

Der Tod ist mir verhaßt. Er war mir verhaßt von Anfang an und trotzdem: Niemand konnte Stükke schreiben wie er. Ich nicht und keiner. Schiller war gut, schon seine ›Räuber‹ waren gut, aber ich mocht sie nicht. ›Die Räuber‹ – Aufruhr – Tumult – »Mir ekelt vor diesem tintenklecksenden Säkulum« – »Pfui über das schlappe Kastratenjahrhundert«: Wir waren schon viel weiter. Der ›Götz‹ war längst geschrieben, ›Sturm und Drang‹ war vorbei, und daß er alles nochmal aufbrachte, ärgerte mich. Den Haufen freilich hat's gefreut. Die Theater wurden Irrenhäuser, auf der Bühne und davor, rollende Augen überall, geballte Fäuste, heisere Aufschreie, Fremde fielen sich schluchzend in die Arme, Ohnmachten. »Nieder mit dem Adel!« Daß sie damit die eigenen Hälse abschneiden würden, ahnten sie nicht. Schiller köpfte mit Worten, und das Fallbeil holte das nach. Weil er ›Die Räuber‹, weil er für die Freiheit schrieb, wurde er Ehrenbürger. »Le sieur Giller publiciste allemand« ein »citoyen français«. Freiheit? Unfug. Wir sind alle eingesperrt. Ich sah sie, ihre Freiheit, im Schlamm vor Valmy und selbst in meinem eignen Haus. Ist das Freiheit? »Bastille geschleift! Sturm auf die Tuillerien! Danton! Robespierre! Septembermorde! Ludwig XVI. enthauptet!« Bilder mit bluttropfenden Schädeln wurden den Ausrufern nur so aus der Hand gerissen. Da war's dann auch mit Bürger Schillers Begeisterung vorbei. Der Tod war überall. Der Tod holte einen ab, wann er wollte. Er ist immer da. Sehen Sie ihn nicht? Er kriecht über den Boden, liegt auf dem Tisch, lümmelt im Sessel. Er lacht einen aus. Hören Sie ihn nicht? Ich ja.

Ich hör ihn. Immer. Er ist immer bei mir. Er spricht mit mir. Er sagt einem, was man tun soll. Schreiben Sie das. Ja, genau so. Wir sehen's später durch. Keine Dichtung diesmal, diesmal Wahrheit. Die Wahrheit über den Tod. Bürger Schillers Begeisterung vorbei. Haben Sie das? Fürchten Sie die Wahrheit? Ich hab aufgehört, sie zu fürchten. Ich darf sie nicht fürchten, sagen sie. Alle sind sie tot, alle, Wieland, Herder, Schiller, nur ich bin noch übrig. Jeder, der mich kannte, richtig kannte, die Wahrheit über mich – tot! Da hat man keine Angst mehr. Sich nicht mehr vor der Wahrheit verstecken: Damit werd ich ihn los. Ich muß mich erinnern. Ich muß mich erinnern, sagen sie. Wer sich erinnert, besiegt den Tod, sagen sie. Ich muß alles aufschreiben. Ich muß alles aufmalen. Ich male gern. Ich mag grün. Ich mal alles grün. Ich darf nicht weglaufen. Ich kann nicht weglaufen. Ich muß hierbleiben, sagen sie. Er läßt mich nicht los! Ich hab ihn umgebracht, sagen sie. Kain und Abel, sagen sie. Ich hab das nicht getan. Das war nicht ich. Das war der Tod. Er war mein Bruder, sagen sie. Was glotzen Sie so? Was glauben Sie, wer ich bin? – – – Glauben Sie, daß ich verrückt bin? Natürlich bin ich ver-

rückt. Wir sind alle verrückt. Sie, ich, wir alle! Also, weiter. Freiheit, Gleichheit, Brüderlichkeit: Das wühlte ihn auf, und das war verständlich, schließlich, er hatte einstecken müssen. Schreiben Sie: Sein Vater war streng, sehr streng, und auch das war wenig verwunderlich. Er hatte sich durchgeschlagen mit Ehrgeiz vom Feldarbeiter zum Barbierlehrling, vom Bader zum Wundarzt, vom Aushilfsgeistlichen zum Hauptmann, und da ihm selbst Bildung verwehrt war, hielt er den Sohn zum Lernen an. Als er's zum Verwalter gebracht hatte und nach Ludwigsburg versetzt worden war, mitten hinein in die Feste, die italienischen Sänger, die französischen Tänzerinnen, mit den Opern, dem Orchester, Theater, Feuerwerk, den Glücksrittern, Abenteurern, Kurtisanen und so weiter, schien ihm geraten, Schiller in die Militärakademie zu geben, und auch auf ihr bekam er Prügel genug, selbst vom Herzog.
Schiller auf der Militärischen Pflanz-Schule seiner Durchlaucht Karl Eugen halten zu Gnaden – weil sie nichts kostete. Geld war nie recht da. Erst war er in Ludwigsburg, als die Schule dann umzog, in Stuttgart. Zuerst war Schiller schlecht, dann wurd er besser, später, als er zu den Medizinern

gesteckt wurde, und das auch nur, weil die Vorlesungen mit Shakespeare gespickt waren, den er wie ich verehrte. Eigentlich wollte er Pfarrer werden, bloß gefragt hat ihn keiner. Das Lernen lag ihm nicht – er hatte einen harten Kopf – Reiten lag ihm erst recht nicht – Schiller ritt noch wirklich alle Gäule zuschanden – und vom Drill wurde er krank und von den Prügeln und vom Fraß. Zwölf Gertenhiebe wurden ihm übergezogen, weil er sich für Brot geborgt hatte, und vier der berüchtigten Zettel bekam er ins Knopfloch gesteckt. Einen, weil er zu Weihnachten mit einer Magd Kaffee trank. Ist das zu glauben? Die Zettel las der Herzog beim täglichen Antreten und bestimmte die Strafe durch Rute oder Stock oder kein Essen, und oft schlug er dann eben höchstselbst. Nachts schlich Serenissimus Euer Durchlaucht durch die Gänge, der Bock. In jeder Tür die Klappe, damit er die gut gebauten Kerls betrachten konnte, während sie schliefen, und damit sie keinen Unfug trieben. Hände auf die Decke, allesamt! Adelige durften ihm die Hand küssen, Bürgerliche nur den Saum. Und das Schiller, der sich noch dazu die rotblonden Haare pudern mußte, weil sie dem Herzog nicht taugten. Hochaufgeschossen war er, das lange Elend, eingeflochtener Zopf, mit Gips verkleisterte Klebrollen an den Schläfen oder zerzauste Perücke, Degen, Dreispitz, Stulpenstiefel, Weste, den Rock, den Schiller nicht sauber hielt, unter der Nase ständig Schnupftabak und die weißen Gamaschen immer voller Schuhwichse – die lachten sich krank. Vor allem wenn er was von sich vorlas, so gespreizt tat er. So. Und so. Und furchtbar getragen immerzu und mit den Händen durch die Luft gesägt. Einmal spielte er meinen ›Clavigo‹, und das ging schlimm daneben. Schiller war kein Schauspieler, auf der Bühne nicht und im Leben schon gar nicht, und das machte ihn berechenbar – auch für mich. Schiller war ungeschickt, ein wenig weltfremd, zugegeben, durchaus streitbar, aber immer vom Höheren beseelt, und dafür mocht ich ihn nun doch. Er trank mit ihnen, spielte Karten, doch schon beim Kegeln stellte er sich an. Schiller war anders als sie. Das machte ihn zum Spottvogel für die Kanaille. Anders sein – da halten sie dich für durchgedreht. Sie doch auch, nicht wahr? Bescheuert, irre, wahnsinnig. Bin ich wahnsinnig? Glauben Sie das? Kein Wunder, daß er floh, als die ›Räuber‹ raus waren,

in Mannheim, 1782, denk ich, im Januar. Ich seh das nach, später.
Aber erst weiter. Er hat sie nachts geschrieben, hier, ja, genau hier. Was glauben Sie, warum ich hierher gekommen bin? Heimlich hat er geschrieben, bei geschmuggelten Kerzen, unter dem Fenster da, vor dem schon damals ständig Lärm war. Anfahren, Halten, Anfahren, Halten, so ging das den ganzen Tag, in der Nacht war wenigstens Ruhe, anders als heute, und er immer auf der Hut, entdeckt zu werden, und um sich wachzuhalten, trank er Schankwein, rauchte und schnupfte er. Morgens schwankte er oft vor Müdigkeit, daß sie glaubten, er sei betrunken. »In tirannos« stand drunter, gegen die Tyrannen, damit ein jeder gleich verstand, worum's bei den ›Räubern‹ ging, aber das stammte nicht von ihm. Er rieb sich auf für sein Schreiben. Er lehnte sich auf damit, und nur damit hielt er durch. Was nicht laut werden durfte, schrieb er halt hin, und damit träumte er sich hinaus und vergaß, wo er war. »Hasen, Krüppel, lahme Hunde, seid ihr alle, wenn ihr das Herz nicht habt, etwas Großes zu wagen!« Das war ganz Schiller. So war er. So war ich. Mein Bruder eben. Er war ich, und ich bin er.

Egal. Als er begriffen hatte, daß er aus dem verfluchten Käfig nur rauskam, wenn er lernte, hockte er sich hin und paukte und paukte, und als er ihn hinter sich hatte, wurde er als Onkel Doktor zu seinem Regiment versetzt, das unter Augé in Stuttgart stand. Verzeihung. General von Augé. Oui, mon commandant. Schiller drängte darauf, ohne Uniform zu dienen, doch das ließen sie nicht zu. Sie nahm ihm die Luft und schnürte ihn ein. Der Käfig oder des Herzogs Rock – das war ihm einerlei. Schreiben, das war seine Freiheit, die einzige, die er hatte. Genau wie ich.
Um sein Räuberdurcheinander auf der Bühne zu sehen, entfernte er sich unerlaubt, und weil er's nicht aushielt, ohne sie gleich nochmal zu sehen, fuhr er eben wieder hin, und diesmal mit Damen, um damit anzugeben, stolz wie er war. Die Wolzogen war dabei und seine Zimmerwirtin. Beide junge frische Witwen. Sie verstehn? Das sprach sich rum. Und ob. Er brauchte immer mindestens zwei, eine zum Anhimmeln und eine, um angehimmelt zu werden. Als alles aufflog, hat ihn der Herzog festgesetzt, zwei Wochen lang, und ihm das Schreiben verboten. Eigentlich hätt man ihn für die Mittel verhaften sollen, die er verab-

reichte, denn die waren als höllisches Gemisch so berüchtigt, daß er bald rein gar nichts mehr allein verschreiben durfte. Ein besserer Feldscher war aus ihm geworden.
Friedrich Schiller. Friedrich von Schiller. Geboren Marbach, 1759, gestorben Weimar, 1805. Von Schiller – das sagt sich so. Geadelt wurde er spät. Seine Charlotte mußte ihr »von« drangeben, als sie ihn heiratete. Er war da ja noch bürgerlich. Erst als »Charlotte von Schiller« durfte sie dann doch wieder tanzen bei Hof. Walzer tanzen war noch gewagt damals. Eins, zwei, drei, eins, zwei, drei, eins, zwei, drei – da war sie selig. Viel hat sie nicht von ihm gehabt, die Kinder, gut, aber sonst? Ständig krank wie er war, nichts im Haus, und selbst die Schwester hat sie noch mit ihm geteilt. Er hat immer gelächelt, sooft er von Caroline sprach, nur leider, sie war vergeben. Also nahm er Charlotte. Fast heimlich heirateten sie. Ich kenn das. Bei ihnen wär auch keiner gekommen, denn das paßte keinem, daß sie einen wie ihn nahm. Caroline war die glänzendere, keine Schönheit, aber belesen und gewandt. Charlotte war eine graue Maus gegen sie, und so nannte er sie auch: Maus. Allerdings, ohne Charlotte hätt er

nie so viel schreiben können. Sie hielt ihm alles fern, den Haushalt, die Kinder, die er liebte, nur damit wir uns richtig verstehn, und sie spielte Klavier für ihn, was er beim Arbeiten so gern hörte.
Wie auch immer, ganz aus dem Kopf schlug er sich Caroline nie. Mit beiden zusammenleben, das wär ihm zupaß gekommen, die eine haben und die andere nicht lassen. »Doppelliebe« wurde ihm hinterdreingeflüstert, und so konnte er sehn wie das ist, wenn ständig hinterm Rücken über einen geredet wird, und das geschah auch der Lotte ganz recht. Die Christiane, meine Christiane, hat sie nicht einmal zu sich gebeten. Nicht ein einziges Mal! »Ein rundes Nichts« hat sie sie geheißen. Goethes Bettschatz! Sein Küchenschatz, die Vulpius, die Säuferin, das Mensch, die Hur, die uneheliche. Die Seidenblumennäherin und der Geheime Rat: Was haben die sich das Maul zerrissen. Und dabei war sie doch auch nur: Die Schillerin. Aber geborene »von«. Von Lengefeld. Das verliert sich nicht.
Bei ihr in Rudolstadt bin ich ihm begegnet. Ich war grade aus Italien zurück, und die Lengefelds hatten mich zum Essen geladen, weil Schiller sie

darum ersuchte. Schiller war zum ersten Mal in Weimar und verbrachte den Sommer bei ihnen. Hab wunder gedacht wie er ist. Noch so ein Lenz, ein Klinger, offene Brust und wehendes Haar, ständig fluchend, am Besten gleich noch ein wenig Werther obendrauf, gelbe Weste, blauer Rock, als Kraftkerl hab ich ihn mir vorgestellt, wie sich halt wohl gab, wer als »Räuber« auf sich hielt. Aber: gar nicht. Bescheiden, ruhig, klug. Er versuchte, mich anzusprechen, und ich übersah ihn mit Absicht. Wie war das? Der Tisch stand so – ich saß da – er da – nein da – oder doch – egal. Also: er da – ich da. Ausgezeichnet – sehr gut – wußten Sie schon – nein, die Ärmste – und immer so weiter und er dumm daneben. Ihn hat's gewurmt, mir hat's gefallen.
Das kannte ich schon: Weimar, Weimar, Weimar, schön weiches Nest auf Herzogs Kosten, mit Gehalt und allem. Ohne mich. Gleich nach seiner Flucht hat er versucht, in Weimar unterzukommen, doch Wieland verdarb ihm das gründlich. Das war nun echt Wieland. Der Herzog bittet ihn, ›Don Carlos‹ für ihn zu lesen und ihm zu sagen, wie er ihn findet. Wieland liest, und dann kam ein Verriß, der sich gewaschen hatte. Mein

lieber Friedrich Schiller. Da war er unten durch. Wieland wollte ihn einfach auch nicht hier haben. Schiller hätt auch ihn überragt, und das wußte er. Die ›Räuber‹ hatten ihn zu bekannt gemacht und seine Flucht zu berühmt. Nun schreiben Sie schon. Flucht – zu – berühmt – gemacht. Haben Sie's endlich, Herrgott!
Seltsame Flucht. Zusammen mit dem Streicher. Andreas Streicher. Der Verrückte hat nicht locker gelassen, bis sie den Schiller rausgewühlt haben mit den ganzen andern Schädeln und in einem Sack rausgetragen aus dem Gewölbe. Raus aus der Gruft – ist seiner – ist der größte und fertig – Totenmaske drauf – paßt – ist Schiller. So sahen die das. Schön aufgereiht haben sie sie, auf ein Brett, dreiundzwanzig Köpfe einer neben dem andern und geschaut und geschätzt und den größten für seinen genommen. Erst dachten sie, ihn gleich zu mir zu bringen. Ausgerechnet zu mir! Selbst die Stein hat verboten, daß sie unter meinem Fenster vorbeigetragen wird. Sie wußte, daß ich den Tod nicht vertrage. Die Angst vor dem Tod, die wird unsereiner nicht los. Sein Schatten liegt auf allem. Er packt einen. Er kriecht zu einem. Er ist überall. Er geht nicht

weg. Er steht nur da, stumm, redet nicht, schaut, bis man ihm folgt, oder er lacht einen aus, bis man auf ihn hört und tut, was er sagt. Ich will den Tod nicht mehr sehen, aber er ist bei mir. Man muß tun, was er sagt. Alles, verstehen Sie, alles.

Sie fragen sich, warum der hier ist? Ich hab eben schon immer gern mit Köpfen gespielt. Nein, im Ernst, recht einfach: Ich lernte Leichen zu öffnen, um mir den Ekel abzugewöhnen, ich ging in der Nacht auf Friedhöfe, um mir die Furcht zu verbieten, ich stieg auf Türme, um den Schwindel loszuwerden, und deshalb ist er hier. Wollen Sie ihn mal halten? Nein? Dann eben nicht. Ich muß mich erinnern, sagen sie, malen Sie, sagen sie, schreiben Sie, wir bringen, was sie brauchen, alles, auch den Schädel. Schillers Schädel, wenn Sie so wollen. Der hilft Ihnen. Bestimmt. Schreiben Sie über den Tod, dann werden Sie ihre Toten los. Aber ich kann, ich kann den Menschen nicht vergessen! Ich werde ihn nicht los. Ich werde seinen Tod nicht los. Er sitzt auf mir wie ein Alb. Er und die andern. Alle sind tot. Ich hab sie umgebracht. Jetzt, hier, das hier, ist nur noch ein Knochen. So hoch, so breit, so tief, nichts weiter. So einfach ist das. Ich hab ihm die Zähne saubergeschabt und ihn vermessen. Ausdehnung ist gleich Hirn ist gleich Geist. Schädellehre, dafür hab ich was übrig.

Ich war nicht dabei, als Christiane starb. »Über allen Wipfeln ist Ruh. Warte nur, balde ruhest du auch.« Von wegen. Ja, mein Gott! Ich hab's nicht ausgehalten. Keiner hat ihre Schreie ausgehalten, bis sie sich am Schluß die Zunge durchbiß. Sie hatte es mit den Nieren, wissen Sie. Der Tod hat sie geholt, einfach so. Dafür kann ich doch nichts. Ich hatte sie ja dann doch geheiratet. Christiane – von – Goethe. Sie hätt's am liebsten Wort für Wort auf ein Tuch geschrieben und vorne rausgehängt, so freute sie sich. Eingeladen hat sie dennoch kaum einer. Achtzehn Jahre war Christiane da schon bei mir, Schiller war endlich hinüber, und unser August war siebzehn, und wenigstens er hat überlebt, bei den ganzen Fehlgeburten, die sie hatte. Ich seh sie noch wie am ersten Tag, im Park an der Ilm, frech ein Gesuch ihres Bruders in der Hand, der Geld brauchte, weil sein Geschmiere sich nicht verkaufte. Später hat der dann wahrhaftig genug verdient. Sein Schund verkaufte sich allemal besser als das, was

Goethe damals schrieb! Knicks, bitte Herr Geheimer Rat, und ab ins Bett. Die wußte, wie das ging. Die war schon eine. Drall und rund. Die hatte Haare auf den Zähnen, alle Achtung. Selbst den besoffenen Franzosen hat sie's gegeben, aber kräftig. Wein! Brot! schrien die herum. In meinem Haus! Die Höhe! Abschaum allesamt und Hauptsache was zu Fressen und den Löffel gleich immer am Hut dabei. »Allons enfant de la patrie, le jour de gloire est arrivé!« Nicht mit ihr. Kommen Sie, singen Sie mit. »Allons – en – fant – de – la – pa – tri – i – e!« Wird's bald. Ist doch einfach. »Allons – en – fant – de – la – pa – tri – i – e!« Lauter: »Allons – en – fant – de – la – pa – tri – i – e!« – Allons, allons, allons! Ja, auf geht's, folgt mir, mes enfant – put put put put put – ich zeig euch den Tod! Los, singen! »Es – ist – ein – Schnitter – der – heißt – Tod!« Ihr werdet genauso draufgehen wie er!!
Anno 1806, Napoleon schlägt die Preußen, Jena und Auerstedt, Schlacht verloren, Weimar besetzt? Sie erinnern sich? Kommen Sie mit? Also: Die Stein wurde ausgeplündert, Maler Kraus erschlagen. Das Haus der Schillerin wurde nicht angetastet. Ihres nicht. Natürlich nicht. Strenger Befehl,

eigens ausgegeben wegen »le sieur Giller«, tot oder nicht. Bei mir gab's keinen Befehl. Bei mir nicht! Sie hat sie in Schach gehalten, und dafür hab ich sie geheiratet und um sie sicher zu wissen, falls mir was passierte in diesen Zeiten, und wegen ihrer Augen. Für die besonders. Die schimmerten grün manchmal, und das gefiel mir, der Wechsel der Farben. Ich beschäftigte mich viel mit Farben, mit ihren Wandlungen, mit ihren Zusammensetzungen, und nicht nur mit denen des Lichts, sondern auch wie sie angerührt werden, was man dazu braucht, wie sie sich verändern, wenn sie lange liegen oder auf die Leinwand aufgebracht werden, schließlich malte ich viel, und ich wollte, daß die Farben hielten. Schiller mochte den Geruch von frischer Farbe. Er mochte Grün. Ich auch.
Ich weiß alles über Farben. Wußten Sie, daß Grün mit Arsen gemacht wurde? Selbst Tapeten. Ja, das war so. Das machte sie kräftig, und sie blichen nicht so leicht aus. Bloß, wird die Tapete feucht und fängt an zu schimmeln, dann kommen Krämpfe, Schmerzen, Lähmungen, Verstopfungen, langsames Ende. Die Tapeten in seinem Arbeitszimmer waren grün, in das außer ihm kaum jemand durfte, nicht einmal seine Char-

lotte, geschweige denn seine Kinder. Schiller mochte Tapeten. Hatte er schon in Jena.
Jena, das war was. Haben Sie alles? Gut. Dann weiter: Doktor Friedrich Schiller, Professor für Geschichte, und den Jenaer Lehrstuhl, den hab ich ihm zugeschanzt. Als er dort anfing, da klopften sie noch. Sogar Fackelzug zum Empfang. »Er lebe hoch, hoch, hoch!« und so weiter und so weiter, nur hielt das nicht an, und er hatte bald kaum noch Hörer, und das bedeutete, daß er schon wieder kein Geld hatte. »Verschaff er mir eine Frau von 12000 Talern und die Akademie kann mich am Arsch lecken!« Was hat er geflucht. Ich wollte ihn nicht hier haben. Er brauchte was zum Leben nach seiner Flucht, also ging er. Seine Stücke brachten nicht mehr genug ein. Die ›Räuber‹ waren gut gelaufen, aber das war's auch schon. Als Deserteur gelang ihm nichts mehr, wie auch.
Die Flucht. Richtig. Schiller und Streicher waren sich einig, aus Stuttgart zu verschwinden. Fahnenflucht ist eine gefährliche Sache, nein wirklich, mindestens die Gasse und Spießruten. Also: Streicher holt ihn frühmorgens ab, wie vereinbart. Und was passiert? Nichts. Überhaupt

nichts. Schiller hat nicht mal gepackt. Im Gegenteil. Als er seine Bücher zusammenkramt, fällt ihm doch ein Band Klopstock in die Hände, und er liest. Eine Ode tut's ihm an und gleich schreibt er auch eine. Streicher kommt und muß sich erst den Klopstock, dann den Schiller anhören. Hat der Streicher getobt. Aber bei Schiller half das nie. Abends dann bequemt sich Herr Schiller endlich zu ihm und hat sogar Pistolen dabei, echt Schillersche Pistolen versteht sich, die eine ohne Feuerstein, die andre mit zerbrochenem Schloß.
Kurz und gut, erster Halt: Mannheim, das er kannte wegen der ›Räuber‹. Er bietet seinen ›Fiesko‹ an. Abgelehnt. Zweiter Halt: Frankfurt. Ein Zimmer vor der Stadt, in Sachsenhausen, das war billiger. Den Gasthof verlassen ging erst, als Geld kam, das sich Streicher geliehen hatte. Schiller war blank wie immer. Dritter Halt: Oggersheim. Oggersheim! Man stelle sich vor. Dann war Streichers Geld zuende, und Schiller geht nach Bauerbach, und Streicher bleibt zurück. In Bauerbach hatte die Wolzogen, die, mit der er damals die ›Räuber‹ sah, ein Gut, und dort hat er sich versteckt. Herr von Ritter nannte er sich, damit er

nicht gefunden wird. Daß er aus Stuttgart getürmt war, hatte übrigens auch mit Geld zu tun. Er hat seinen Gläubigern geschuldet für den Druck der ›Räuber‹. Den hat er selbst bezahlt. Bauerbach hat ihm gefallen. Bücher wurden ihm gebracht aus dem nahen Meiningen, Papier, Federn und Schnupftabak natürlich. Den brauchte er wie das Rauchen. Er war glücklich, ja, in Bauerbach, glaube ich, war er glücklich. Und er schrieb am ›Don Carlos‹. Beim Schreiben war er glücklich, bei nichts sonst. Und als die Wolzogen ihre Tochter mitbringt, hält der Schiller doch glatt um sie an. Besser Bauerbach als nichts. Meine Güte! Fünf Häuser und zwei Misthaufen – lebenslänglich Bauerbach. Die liebe Kleine zog nicht – Schiller reiste ab.

Er ging nach Mannheim zurück, denn da hatte er schließlich schon mal Erfolg gehabt, und sein Herzog war da schon längst nicht mehr hinter ihm her, und er wußte das. Die brachten ›Kabale und Liebe‹, an das er sich inzwischen gemacht hatte, und selbst den ›Fiesko‹, aber eigentlich fielen sie beide durch. 1783, glaube ich, nein 84. Einen Vertrag hatte er bekommen für ein Jahr und drei Stücke. In Mannheim wurde er zum ersten Mal so richtig krank. Das kalte Fieber hatte ihn erwischt, und um es loszuwerden, machte er eine Hungerkur, bei der er nichts aß außer Fieberrinde, und das verdarb ihn noch mehr, dürr wie er war. Tausende starben damals, die Festungsgräben waren versumpft, und aus denen stieg das Fieber hoch. Er war dauernd krank und anfällig. Seine Charlotte glaubte, der Drill von früher hätte ihn geschafft, das Lesen nachts und das Schreiben und das schlechte Essen und dann eben das kalte Fieber. Die Gute, sie wußte rein nichts, und ich hab ihr nichts gesagt, auch danach nicht. Ein Wunder, daß er überhaupt so lange lebte. Am Tag nach seinem Tod schnitten sie ihn auf. Augenblick. Da. Da steht's. Moment. Hier. »1. Die Rippenknorpel waren durchgängig und sehr stark verknöchert. 2. Die rechte Lunge mit dem Brustfell von hinten nach vorne und selbst mit dem Herzbeutel ligamentartig so verwachsen, daß es kaum mit dem Messer gut zu trennen war. Diese Lunge war faul und brandig und ganz desorganisiert. 3. Die linke Lunge besser, marmoriert mit Eiterpunkten. 4. Das Herz stellte einen leeren Beutel vor und hatte sehr viel Runzeln, war häutig, ohne Muskelsubstanz. Diesen häutigen Sack konnte man in kleine Stücke zerflocken. 5. Die Leber natürlich, nur die Ränder brandig. 6. Die Gallenblase noch einmal so groß als im natürlichen Zustande und strotzend von Galle. 7. Die Milz um ⅔ größer als sonst. 8. Der vordere konkave Rand der Leber mit allen naheliegenden Teilen bis zum Rückgrat verwachsen. 9. Die rechte und linke Niere in ihrer Substanz aufgelöst und völlig verwachsen. 10. Auf der rechten Seite alle Därme mit dem Bauchfell verwachsen. 11. Urinblase und Magen waren allein natürlich. Bei diesen Umständen muß man sich wundern, wie der arme Mann so lange hat leben können. Weimar, 10. Mai 1805. Gezeichnet: Huschke.«

Und? War das zu wissen? Kann dafür irgendwer irgendwas? Hätt ich das wissen können? Eben. Da steht's: Ein Wunder, daß er solang lebte und ihn der Teufel nicht schon früher geholt hat. Hätt er's doch getan. Hätt ich's nicht tun müssen. Da. Legen Sie das dazu.

II

Ungewohnt wie, daß ich so rede? Paßt so gar nicht? Meinen Sie? Da sonst alles klingt, als ob ich Marmor scheiß? Marmor scheiß. Stammt zwar nicht von mir, klingt aber gut. Amadeus – Sie wissen schon, nicht wahr? Also weiter denn. Durchlaucht – Kratzfuß – Hoheit – bin erfreut – Kratzfuß – gnädige Frau – werter Freund. Ich war nicht immer so. »Der obern Macht ist schwer zu widerstehen«, das stimmt schon, und ich hab nicht widerstanden. Warum auch? Die Abende – die Essen – Trinken – der Hof – die Bälle – eine Kutsche haben – das ist schon was. Wer zu sein, bewundert zu werden, das verführt. Besuchen Sie Weimar! Besuchen Sie Goethe! Hereinspaziert! Hereinspaziert! Menschen, Goethe, Sensationen! Purzelbaum gefällig? Handstand gefällig? Was spricht dagegen? Nichts! Ich will nicht vergessen werden wie er, wenigstens nicht so rasch. Sobald er tot war, wurde nicht mehr von ihm geredet, von einem Tag auf den nächsten, begraben und das war's. Kaum lag er im Gewölbe, war er weg, wirklich und ganz und gar, und nur deshalb hab ich sie empfangen, die Besucher, einen und noch einen und noch einen. Das ist doch so: Sie gingen nach Hause, schrieben aller Welt, daß auch sie beim Goethe waren, und gerade das wird bleiben. »Der Goethe macht aus seinem Leben ein Kunstwerk.« Wie oft ich den Blödsinn schon gehört hab. Brauch ich gar nicht. Die machen eins draus, ganz von allein. Ist doch gut, oder? Die haben mich erfunden. Ich bin nicht ich. Ich hab niemanden umgebracht. Keinen einzigen. Ich wollte nur nicht vergessen werden! Sie werden mich nicht vergessen. Jetzt nicht mehr.

Schuld, mein Gott. Woran ich nicht alles schuld bin. Seine Hur – sie hat sich tot gesoffen! Sicher hat sie gesoffen. Mein Herr Sohn schluckte auch. Na und? Der große Vater und der arme Sohn, das ist doch Unsinn, als ob er unter mir zu leiden hatte. Er hat's doch gemütlich gehabt, schlußendlich habe ich ihm alles aus dem Weg geräumt, seine Stelle hatte er durch mich, und nicht einmal ins Feld mußte er, dafür hatte ich gesorgt – gut, von mir aus, weil ich ihn brauchte, damit er mir alles aufschrieb. Deswegen fängt doch keiner zu Trinken an. Deswegen doch nicht. Glauben Sie, daß die sich wegen mir zu Tode soffen? Der Tod hat ihn geholt, schnipp, einfach so und jetzt sagen sie, ich hätt ihn getötet, und die Christiane auch, und den Schiller auch. Oder die Höhn. Goethe ist schuld, wer sonst. Er hat nicht gegen die Hinrichtung gestimmt. Der Goethe – erst jammert er im ›Faust‹ wegen dem Gretchen, aber die Kindsmörderin Höhn juckt ihn nicht. Rübe ab – aus. »Edel sei der Mensch, hilfreich und gut«, als ob das nicht zweierlei ist, Amt und Schreiben. Und selbst falls Goethe so ein Scheusal war, sie sind doch trotzdem alle gekommen, nur um eben rumtönen zu können, daß sie bei mir waren. Die kamen nicht wegen mir, die kamen wegen sich. Jetzt kommt keiner mehr. Hier ist jeder allein.

Gelichter sind sie, einer wie der andre, und jetzt sind sie alle um die Ecke. Eckstein, Eckstein, alle müssen weg sein! Und so falte ich denn die Hände, knie nieder und spreche: Lieber Tod, ich danke dir, daß du sie von mir genommen hast! Gebet Ende. Was soll's auch, das waren Leute, keine Menschen, aber sie waren nunmal zu gebrauchen, und eine Abwechslung waren sie allemal. Ludwig Tieck. Götter! Das war keiner von denen. Kennen Sie die Geschichte? Grade der. Kam einfach reinstolziert. Sie wünschen mich zu sehen, frag ich. Er: Gewiß, Herr Geheimer Rat. Ich: Nun, so sehen sie mich. Ich drehte mich einmal rundum. Ich: Haben Sie mich gesehen? Er: Unzweifelhaft. Nun, so können Sie wieder gehen, sag ich. Noch einen Augenblick, Herr Geheimer Rat. Ich: Was wünschen Sie noch? Er: Nur eine Kleinigkeit. Tieck greift in seine Tasche: Was kostet die Besichtigung? Das fand ich gut.

Aber genug davon. Jetzt Schiller in Jena. Nein, erst Schiller in Weimar. Das war schließlich davor, daß er zum ersten Mal dort auftauchte. Marbach – Ludwigsburg – Stuttgart – die Flucht – Bauerbach – Mannheim – Leipzig – Dresden und dann Weimar und dann Jena und dann wieder Weimar – so ist die Reihe. Ich war nicht da damals, ich reiste durch Italien. Er kam aus Dresden und war eigentlich völlig am Ende und gescheitert. Als aus Mannheim nichts geworden war, weil sie seinen Vertrag stillschweigend nicht verlängerten wegen der Reinfälle mit ›Kabale und Liebe‹ und dem ›Fiesko‹, war er erst in Leipzig und dann in Gohlis, und dann ging er nach Dresden. In Gohlis lief er im Morgenmantel über die Felder, stellen Sie sich vor! Das ›Lied an die Freude‹ hat er dort geschrieben, das ihm dann peinlich war. Peinlich auch die Arnim, Henriette von

Arnim, hinter der Schiller her war, und wie, aber nicht nur er, denn die hielt sich zugleich noch ein paar andre warm. Immer feucht das Luder. Schiller, ganz Unglück, soff wegen ihr, bis ihm der Magen weh tat, und dann eben ab nach Weimar zur Charlotte von Kalb, seiner Verflossenen aus Mannheim, mit der er sich erstmal tröstete, weil die ihn mit offenen Beinen aufnahm.

Der Kalb verdankte er übrigens auch seinen Titel als Herzoglicher Rat von Carl August zu Sachsen-Weimar-Eisenachs Gnaden. »Mit vielem Vergnügen, lieber Herr Doktor Schiller, erteile ich Ihnen den Charakter als Rat in meinen Diensten.« Das hat er oft erzählt. Sie hat Schiller dazu gebracht, daß er ihm seinerzeit vorlas, als der Herzog bei Mannheim zu tun hatte, und dafür gab's den Titel, denn der kostete ja nichts, und deswegen hat er ihm dann auch den fertigen ›Don Carlos‹ gewidmet und geschickt. Er hat sich was ausgerechnet wie alle, Geld, ein Amt oder sonstwas, aber wie gesagt: Wielands Verriß. Schiller hat das nie erfahren. Und deswegen eben: Weimar, erster Versuch, nur, ich war weg, und der Herzog war auch nicht da. Was macht also Schiller? Weil er dringend einen Gönner braucht, abgerissen wie

er war, geht er doch zu Wieland. Köstlich. Der tut vornherum freundlich, weil er glaubt, Schiller reist bloß durch, und als er dann doch blieb, hat er ihn hintenrum schlecht gemacht.
Schiller war im ›Erbprinzen‹ abgestiegen – keinen Knopf, aber bestes Haus – sogar einen Diener hat er sich genommen – und die Kalb nahm ihn mit zu den feinen Gesellschaften und den galanten Tees. Alle luden ihn ein. »Herr Schiller – habe ihre ›Räuber‹ gelesen – ausgezeichnet – sagen Sie, woran schreiben Sie – mein Lieber – mein Bester.« Ich kann's mir vorstellen. Wenn die geahnt hätten, daß sogar sein Mantel gepumpt war und daß ihm geliehen werden mußte, als er den Mantel zurückgab trotz Winter. Schnorren konnte er, das muß man ihm lassen. Selbst die Miete hat er sich irgendwie besorgt. Damals hat er auch angefangen, sich auf die Geschichte zu verlegen. »Ich muß von Schriftstellerei leben, also auf das sehen, was einträgt.« Auch das sagte er dauernd. Alles mögliche hat er angefangen, weil das mit seinen Stücken ja nichts mehr war, und mit der Lengefeld, das hat er auch angefangen, neben der Kalb und neben der Schröter, die meine Iphigenie gespielt hatte – ich war Orest

und gar nicht schlecht – denn der Schröter, der wollte er zu gern untern Rock, so nebenbei. »Ihre Figur und die Trümmer ihres Gesichts rechtfertigen jede Verplemperung. Sie muß in der Tat schön gewesen sein, denn 40 Jahre haben sie noch nicht ganz verwüsten können« – so hörte sich das bei ihm an, nur weil er bei ihr nicht weiterkam. Sie haben sich dann doch ganz gut verstanden, aber mehr brachte er nicht zustande. Sie war zu haben – zu kriegen war sie nicht, dazu tat sie zu vornehm. Ich hab sie auch nicht gekriegt und der Herzog erst recht nicht, und wir haben's beide wirklich versucht und wegen ihr gestritten. Nun gut, Schiller jedenfalls hat also seinerzeit auf mich gewartet, daß ich zurückkomm aus Italien, aber da hätt er von mir aus lange warten können, daß ich etwas für ihn tu.

Warum ich ihn nicht in Weimar wollte? Ich bitt Sie, das liegt doch auf der Hand. Ich hatte seit Jahren nichts Gescheites mehr geschrieben. Geheimer Rat, Minister – wie soll einer da schreiben. Und dann noch die Stein. Zehn Jahre ging das mit ihr hin und her, mit Zetteln und Briefen, ständig und andauernd. Und? Nichts und. Sie war verheiratet. Aber das war's nicht. Wie soll ich sagen – es ging nicht. Mit einem Kuß war immer schon alles vorbei. Einmal haben wir – wollten wir, doch bis Italien sah's damit düster aus. Das alte Leiden. Kuß und Ende. Daß ich dann ohne ein Wort nach Rom abgehauen bin – das hat sie mir nie verziehen, und die Christiane, die verzieh sie mir auch nicht, daß ich so eine nahm und bei ihr nicht konnte und sie einfach stehen ließ. Das Amt, die Stein, Weimar – das wurde mir einfach zuviel. Das mit Christiane – das war gleich nach Italien. Als ich wiederkam, war alles anders, im Schreiben wie im Bett.

Nein, wir streichen das. Das paßt nicht zu Goethe. Ja, gleich jetzt. Ab: Aber das war's nicht. Gestrichen? Alsdann, nochmal: Als ich aus Italien wiederkam, war alles anders, besonders im Schreiben, und deshalb wollte ich ihn nicht in Weimar haben. ›Die Räuber‹! ›Die Räuber‹! Er war neu in Weimar, genau wie ich mal neu war, und Weimar war ein Nest. Da war er ein Ereignis. Über Schiller wurde geredet. Mich kannten sie in- und auswendig, glaubten sie wenigstens. Ganz am Anfang, ja, da hieß es noch Goethe hier und Goethe da, weil ich sie unterhielt mit Festen und Eislaufen, den Schlittenfahrten, den Jagden,

aber das war nun einmal längst vorbei. Mein ›Götz‹ war über sechzehn Jahre her, der ›Werther‹ vierzehn, aber ich war voll italienischer Sonne und drauf und dran, was Gutes zu bringen. ›Faust‹, ›Iphigenie‹, ›Tasso‹ – mir geisterte alles Mögliche im Kopf herum. Aber nein, Schiller, Schiller, Schiller! Für mich interessierte sich niemand. Er war mir im Weg.
Ich konnte keine Genies neben mir brauchen, also weg mit denen und weg mit ihm aus Weimar und ab nach Jena. Auf was er sich eingelassen hatte, das durchschaute er erst, als alles zu spät war. Sein Lehrstuhl war nicht besonders bezahlt. Von wegen nicht besonders: Er mußte sogar noch Gebühren zahlen, um überhaupt anzufangen. Ich wußte das – er nicht. Und genau deswegen hab ich ihn dort untergebracht, weil ich wußte, daß er klamm war. Die Falle war gut ausgedacht. Was hätt er tun können? Zwei Möglichkeiten. A: Ganz weggehen. B: In Jena bleiben. Eines jedenfalls ging nicht: Die Professur an des Herzogs eigener Universität einfach hinwerfen und dem beleidigten Förderer in Weimar wieder unter die Augen kommen. Er entschied sich für Jena, als der Herzog ihm zweihundert Taler das

Jahr drauflegte. Schiller war ihm was wert, und die zweihundert konnte er brauchen, gerade nach seiner Heirat, denn die war damals um die Zeit ungefähr. Mutter Lengefeld hat ihnen auch zugesteckt, und so blieb er, schon weil seine Charlotte nicht wegwollte. Aber immerhin: Ich war ihn los. Dacht ich wenigstens.

III

So stand's. 1789. Er in Jena, ich in Weimar. Ich hatt ihn losgebracht wie ehedem schon den Lenz und den Klinger, die ebenfalls kamen, um Geld und Ruhm zu ernten, weil sie mich von früher her kannten. Die wußten auch nicht, wie ihnen geschah. Das ging genauso ruck zuck wie bei Schiller, dem Herzog sei Dank, mit dem ich auf gutem Fuß stand seit je. Ich war ihr Beil, wie bei der Höhn. Auf meinen Rat hin berief der Herzog Schiller an den Katheder, und so war er weit genug fort von mir. Er lehrte und schrieb um Brot, und ich kümmerte mich ums Theaterspielen bei Hof, um die Farbenlehre und die Entwicklung der Pflanzen. Die Dichterei kümmerte mich nicht. Da waren die Franzosen vor mit ihrem »ça ira« und dem »allons enfants« und all dem Pöbel in den Gassen:

> Freiheit und Gleichheit! hört man schallen,
> Und Würgerbanden ziehn umher,
> Da werden Weiber zu Hyänen.
> Und treiben mit Entsetzen Scherz.
> Nichts Heiliges ist mehr, es lösen
> Sich alle Bande frommer Scheu,
> Der Gute räumt den Platz dem Bösen,
> Und alle Laster walten frei.

Er hatte schon recht. »Gefährlich ist's, den Leu zu wecken.« An die Laterne, oder ab den Kopf und das mit Fallbeilen, die vom vielen Köpfen schon ganz unscharf waren, so daß sie nochmal und nochmal und nochmal herabsausten, bis der Kopf endlich abgetrennt war. Oder die »Französische Hochzeit«, bei der sie einen Mann an ein Weib banden und in den Fluß warfen. Grausig war das, eklig und grausig. Ihre Freiheit war der Tod. Das besserte doch rein gar nichts. Langsam das Alte bessern, darauf hörte keiner. Alle waren ganz französisch anfänglich. Sie waren nicht dabei, auf den Feldzügen in Frankreich. Ich ja, ich war dabei. Die schossen uns zusammen wie nichts. Ich hab den Tod gesehn. Immer wieder. Er ist bei mir, ob ich will oder nicht. Haben Sie schon mal ein Schlachtfeld gesehen? Ich rate Ihnen, ersparen Sie sich das. Das umgepflügte Feld übersät mit Leichen, auf die schrecklichste Weise verstümmelt und zerrissen. Manchem der Kopf zertrümmert, ein scheußlicher Anblick, Pferde, denen das Gedärm heraushängt, brüllende Leiber, daneben Gewehre, Säbel, gesprengte Pulverwagen, Patronentaschen, alles wild durcheinander und übereinander in den Trichtern, und hinter den Zelten lagen die Arme und Beine, die sie ihnen abschnitten ohne Betäubung. So stellten sie sich das bestimmt nicht vor, die guten Bürger, eher schon dachten sie, das ist doch was, ein wenig Macht, ein bißchen weniger Fürsten. Darum ging's. Das versprachen sie sich davon: Geld und Macht und weiter nichts. Den Kleinen nichts abgeben, den Großen was nehmen. Ein gutes Geschäft eben, bis sie merkten, was da wirklich lief, und da bekamen sie's mit der Angst. Ein klein wenig Umsturz, so bis in den Abend hinein, und dann nach Hause, die Pfeife angezündet und fein still die Nachtmütze aufgesetzt. Aber so? Abgehackte Köpfe, Dreck und Blut – das lieber doch nicht. So sind sie. Die Hosen voll, wenn's ernst wird, und dabei alles verachten, was anders ist als sie.

Als mein August geboren wurde, flogen wir raus aus meinem Haus und raus aus Weimar. Vors Tor, in ein Jägerhaus, weil der Herzog seine Ableger gewöhnlich zu den Jägern gab, doch bei Dero Gnaden war das natürlich was anderes, darüber war hinwegzusehen, wir aber wurden hinausgeworfen, einfach so, wie verbannt, bis wir wieder zurückkommen durften nach fast drei Jahren, und das nur, weil ich den Herzog nach Frankreich begleitete. Die Herzogin, der kalte Fisch, litt nicht, daß ihr der Bankert alle Tage vor der Nase herumgetragen wurde. Ein unehelicher Balg, das ließen sie keinem durchgehn, Goethe hin oder her. Ein Adliger, eine Bürgerliche, das wär noch hingegangen, aber so eine wie die Vulpius, so völlig unter Stand, unmöglich. Die schnitten uns. Und die Stein hetzte. Und nicht nur sie. In Weimar war's nicht zum Aushalten, deshalb fuhr ich oft nach Jena und blieb manchmal wochenlang. Das mit Christiane verstanden sie nicht, das war nun einmal auch ganz anders, als was sie machten, und das ging so über Jahre. Ich hab sie gehaßt, einen wie den andern. Aber das ist vorbei. Jetzt sind alle weg. In Jena haben wir zum ersten Mal miteinander geredet, der Schiller und ich. Richtig geredet. Gut, ich habe geredet, über die Pflanzen, und er hörte zu und machte Einwände. In Weimar hörte mir keiner zu.

Das Wahre, das Edle, Gute, Schönheit, eine Welt ohne Willkür, ohne Köpfen, durch die Kunst bessern, nicht durch das Beil, Erziehen statt Hinprügeln, das war der Weg, Ordnung statt des Chaos, das wir seit 1789 hatten, und das eben, ja, das hatte er verstanden so wie ich. Er war ich – ich war er. Wir schrieben uns manchmal jeden Tag. Er kam zu mir, ich kam zu ihm. Ihm ging's ja nicht besser. In Jena war er allein. Tieck, die beiden Schlegel, der Hardenberg und wie sie alle hießen, die wollten das Chaos, den Umsturz aller Ordnung. Ihre Romantik und ihre Frömmelei, das war doch Blödsinn, das war doch krank. Jakobiner der Poesie, so sahen sie sich, die Tausendsakerment, die verdammten. Man konnte des Teufels werden, mit einmal waren wir die alten Säcke, die Fürstenknechte, die Speichellecker, die nichts verstanden. Alles neu, alles anders, das war

ihr Feldgeschrei, und das war nichts für ihn, und er unternahm was dagegen. Er brachte ›Die Horen‹. Zu denen hat er mich eingeladen mitzumachen. Lange bitten mußte er mich nicht. Mit dem Blatt wollte er ihnen heimleuchten, und das paßte mir ganz gut. ›Die Horen‹, guter Gott, ein Fehlschlag ganz und gar. Schlag der Donner drein – über die fielen sie her. Jenaer Romantik gegen Weimarer Klassik. Gott gegen Götter. Mittelalter gegen Antike. Da flogen die Fetzen, das können Sie glauben. Wir nicht faul und Spottgedichte gemacht, Hunderte von ihnen, und die saßen Vers für Vers und Stich für Stich, und die gaben uns natürlich zurück, aber wie. Da war was los, und wir hatten unsere Freude dran, und es brachte uns wieder zum Schreiben. Er rieb mir den ›Faust‹ unter die Nase, den ich wieder aufnahm, und er dachte wieder an Stücke. Wir stachelten uns gegenseitig an. Er ein Gedicht – ich eins – er eins – ich eins – er eins – ich eins, und so kamen wir nun denn doch zueinander.
Daß er das durchhielt, war erstaunlich. Daß er dabei nicht schon zugrunde ging, war damals schon ein Wunder. Jena zumindest hat er überlebt – mich nicht. Er hatte Blut gehustet und

Eiter. Das Fieber, die Darmkrämpfe, die Aderlässe, Erbrechen, Abführen, das schwächte ihn manchmal bis zur Ohnmacht. Er erholte sich und ging am Stock, doch das Fieber kam zurück, und sogar das Herz setzte ihm aus, und die Beine erkalteten. Er wäre beinahe erstickt. Dann brach ihm der Eiter durch das Zwerchfell. Die Blutvergiftung hat er überlebt, die Krämpfe aber wurde er nicht mehr los. »Die verwünschten Verstopfungen! Sie bringen mich alle Jahre um ein Trauerspiel.« Witz hatte er, da kannte er nichts. Er wußte, daß er nicht mehr lange hatte, oder ahnte es zumindest, denn in Jena wurde alles immer schlimmer. Fünfzig – das wollte er noch werden. Fünfundvierzig wurde er. Gesund. Rückfall. Gesund. Rückfall. So ging das andauernd, und um sich zu erholen, hat er sich sein Gartenhaus angeschafft. Da schrieb er am ›Wallenstein‹ in seinem Turm, den er sich eigens dazu bauen ließ, um nur weit weg zu sein vom Hausgeknarre und dem Küchenlärm. Wenn er auch sonst wenig hatte, das leistete er sich. Das Gartenhaus täte ihm gut, meinte er, die Luft und das Grün, und seinen Kindern auch, denn der Karl und der Ernst, die waren schon geboren. Die Karoline kam später. Er mochte eben Grün um sich. Selbst sein Festtagsrock war grün. Grün, grün, grün. Schöne Farbe, hab ich gesagt. Seitdem mal ich grün. Der Apotheker hat mir gezeigt, wie das geht mit dem Grün. In Jena schon kaufte er Tapeten. Damit hatte ich aber nichts zu schaffen. Mein August war oft bei ihnen – den hätt ich doch nicht zu denen geschickt, wenn ich alles schon gewußt hätt – die Christiane war nicht dort, dafür hat die Schiller gesorgt. Die in ihrem Haus? Nicht doch. Die Stein war die Patin der Schiller, das merkte man. Fertig? Lassen Sie sehen.

IV

Im ernsten Beinhaus war's, wo ich beschaute,
Wie Schädel Schädeln angeordnet paßten;
Die alte Zeit gedacht ich, die ergraute.
Sie stehn in Reih geklemmt, die sonst sich haßten,
Und derbe Knochen, die sich tödlich schlugen,
Sie liegen kreuzweis, zahm allhier zu rasten.
Entrenkte Schulterblätter! was sie trugen,
Fragt niemand mehr, und zärtlich tätge Glieder,
Die Hand, der Fuß, zerstreut aus Lebensfugen.

Ihr Müden also lagt vergebens nieder,
Nicht Ruh im Grabe ließ man euch, vertrieben
Seid ihr herauf zum lichten Tage wieder,
Und niemand kann die dürre Schale lieben.

Die dürre Schale lieben? Ich bestimmt nicht. Natürlich war ich nicht dort unten. Ich in einem Grab? Bewahre! Aber lassen wir das, es taugt nichts. Bringen wir's zu Ende. Wo war ich? Jena. Genau. Damals brachte ich auch nichts zustande. Der ›Faust‹ war gut, aber nicht wirklich fertig. Vieles war am Werden, manches bereitete sich vor, nur hatte ich nichts auf den Tisch zu legen. Er schon. Können wir?

1798 begann Schiller wieder richtig zu schreiben. ›Die Räuber‹ waren abgetan, ›Don Carlos‹, ›Kabale und Liebe‹, ›Fiesko‹ beiseite gelegt, der Geschichte indessen blieb er zugetan, auf die er sich verstand wie kaum einer. In seinem Jenaer Gartenhaus nahm er den Faden der ›Geschichte des Dreißigjährigen Krieges‹ wieder auf, und der ›Wallenstein‹ entstand. Mit ihm kamen die besten Tage seines Schreibens. ›Wallenstein‹ war ein Wurf, und nicht nur der. Ich brachte zuerst ›Das Lager‹ auf die Bühne. Eine rauschende Nacht wurde das, ein Erfolg, und was für einer. Ganz Weimar war da. Mit ihm hab ich das neue Haus eröffnet! Mein Theater, jedenfalls bis sie auf den Hund kam, im wahrsten Sinn.

Was? Was gibt's? Welche sie? Kennen Sie nicht? Wirklich? Das mit der Jagemann? Das war lang nach Schiller, und das war nicht lustig, das war ein Witz. Einen dressierten Köter wollte sie auf der Bühne haben, unbedingt. Einen Pudel, auch das noch, und den setzte sie durch. Geliebte des Herzogs. Naja. Der Pudel kam – ich ging. So war das.

Aber egal jetzt. Weiter: ›Die Piccolomini‹ brachte ich auch noch, dann ›Wallensteins Tod‹ und dann alle drei hinternander an drei Abenden. Machte nochmal zweihundert Taler das Jahr mehr für ihn vom Herzog und Brennholz für die Winter. Ein Schauspieler bekam damals fünf Taler die Woche, müssen Sie wissen, ein Diener auch. Alle blickten auf uns, und aus Weimar wurde endgültig das Weimar, und deshalb spielte ich ihn und bat ihn im Überschwang und auf des Herzogs dringenden Wunsch hierherzuziehen. Denn schauten sie auf uns, so sah man auch mich wieder, und darum ging's mir. Mit meinem Schreiben war's nicht mehr weit her. Und dann kam er selbst. 1799. Schiller in Weimar! Weimar, das war von da an doch fast nur noch Schiller, nicht ich. Das hatte ich nicht bedacht, daß es so enden könnte. Hatte er's doch geschafft. Schiller war ganz oben, und ich hab ihm auch noch dazu verholfen.

Schiller schrieb und schrieb und schrieb. ›Maria Stuart‹: herausragend! ›Die Jungfrau von Orleans‹: ausgezeichnet! ›Wilhelm Tell‹: Applaus! Applaus! Applaus! Er schuftete für mein Theater, ganz wie gedacht, er übersetzte, und wir probten gemeinsam. Die Schauspieler hat er rangenommen. Und wie! Konnte der wütend werden. Und dann immer auf Schwäbisch. Was hat er die angepfiffen, daß sie richtig sprechen. »Ei was! mache Sie's, wie ich's Ihne sage und wie's der Goethe habbe will. Und er hat Recht – es ischt ä Graus, des ewige Vagiere mit dene Händ und das Hinaufpfeife bei der Rezitation!« Das mußte der grad sagen. Jedenfalls, er stieg und stieg, und von mir sprach keiner mehr. Dann wurde er geadelt und bei Hofe vorgelassen, und das ließ er sich nicht zweimal sagen. Immer schön in Herzogs Nähe. Wenigstens dort hatte ich bis dahin Ruhe, doch auch das war vorbei, und ich machte gute

Miene zu bösem Spiel. Da wußte ich, ich hatte einen ernsten Fehler begangen.
Auf alle Fälle, wir beide so nah aufeinander – das ging nicht. Er war der Stachel in meinem Fleisch. Mir blieb keine Wahl: Ich mußte ihn noch einmal beseitigen und diesmal für immer. Es dauerte einige Zeit, bis mir klar wurde wie. Dann war alles einfach – nahm ich an. Der Schlüssel war das, was mich am meisten störte: seine Nähe. Er glaubte an unsere Freundschaft, deshalb war er gekommen. Ich brauchte ihn also nur zu meiden. Das verwirrte ihn, ehrlich wie er war, solange bis ihm das unangenehm wurde. Und je mehr ich mich zurückzog, desto mehr warb er um mich, wie gewünscht. Noch eine Falle und wieder gut aufgestellt, und wieder tappte er hinein. Er fühlte sich zurückgewiesen wie bei einer enttäuschten Liebe. Von früh an – das wußte ich – hatte er mich bewundert, und nun war er angesehen wie ich, mit mir auf einer Höhe, ja noch über mir. Ich hatte ihm aufgeholfen, ich hatte ihm meine Bühne geöffnet, den Lehrstuhl verschafft, war mit ihm gegen die Romantik angetreten, mein Sohn hatte in seinem Haus gespielt, die Abende, die wir gemeinsam in seinem Garten in Jena ver-

brachten – er konnte nicht verstehen, warum ich anfing, ihm aus dem Weg zu gehen. Mehr als Briefe ließ ich meist nicht zu, trotz der paar Meter von uns nach drüben, das gehörte zum Spiel – Briefe ja – Sehen nein – und das nahm ihn mit, und auch davon wurde er krank, auch davon. Der Winter auf 1805 war naßkalt, und schon im Herbst war der Nebel feucht in die Häuser gekrochen. Schiller fühlte sich so schwach wie mutlos. Er schniefte, er hustete Brocken, den ganzen Dezember über ging's ihm schlecht und schlechter von Tag zu Tag, und schon im Sommer davor war er für Wochen gelegen, und dann kamen Krämpfe, die ihn zum Wahnsinn trieben vor Schmerz. Er schrie sich die Seele aus dem Leib, bis er nur noch sterben wollte. »Wenn ich nur eins Scheißen könnte«, brüllte er, »wenn's doch nur schon vorbei wär!« Im Frost des Februar wurde ihm wohler. Klare, sonnige, schöne trockene Tage taten ihm allemal besser als der beständige Niesel, doch dann wieder Fieber wie üblich bei ihm. Im späten März erst genas er leicht, und seine Heiterkeit kam ihn wieder an, und er machte sich an seinen ›Demetrius‹, mit dem er gut vorankam. Er blühte richtig auf, denn dafür lebte er, dafür raffte er sich ein ums andere Mal auf. Was wären wir auch schon, ohne unser Schreiben. Er opferte alles dafür, und was ihn im entferntesten daran hinderte, räumte er weg, und ich auch.

›Die Wahlverwandtschaften‹, ›Faust‹, ›Dichtung und Wahrheit‹, ›Die Campagne in Frankreich‹, ›Italienische Reise‹, ›West-östlicher Divan‹, ›Wilhelm Meister‹ – das kam alles nach ihm. Schiller starb, und ich war frei. Frei von ihm, so glaubte ich. Hätte er nicht nach Berlin gehen können, wie er's vorhatte, als ich ihm fernblieb und er sich nicht ausmalen konnte warum? Die wollten ihn. Dreitausend Taler übers Jahr boten sie. Dreitausend! Ein Vermögen. Aber nein, der Herzog legt ihm nochmal vierhundert zu und stellt nochmal zweihundert in Aussicht. Das war's. Schiller blieb. Berlin war der Charlotte zu weit weg, und dann das Haus, das er sich in Weimar gekauft hatte. Und immerhin: das Geld vom Herzog, die Stücke, die nach uns von andern gespielt wurden, das Geld für seine Bücher – in Weimar war er einer der Reichsten. In Berlin, was wär er da schon gewesen. Und wie lang wär das gut gegangen? In Berlin ist man schnell oben und schnell wieder unten, das sah er ganz richtig.

Gut. Ihn einfach zu übersehen, hat also nicht genügt. Weimar, das ist Goethe. Er hat's einfach nicht begriffen. Also sann ich auf Weiteres, ihn loszuwerden, und da Locken und Fernhalten zugleich nicht half, nutzte ich wieder, was mein Nachteil war: seinen Erfolg. Er war krank, und das spielte ich herunter. Künstler sind nun mal empfindlich, aber das darf man nicht so ernst nehmen und so weiter und so weiter, und so trug ihm der Hof auf – krank hin oder her – immer noch mehr für das Theater zu schreiben, denn mit Schiller war zu protzen. Für Nichtigkeiten oft mußte er sich hergeben, aber er durfte sich's nicht verderben. Er hatte sich in Schulden gestürzt für sein Haus, und so quälte er sich durch. Gesünder wird er davon bestimmt nicht, dachte ich. Im Gegenteil: Er würde krank bleiben, und seine Stücke würden schlechter werden, und das würde ihn stürzen. Das beste daran war, daß er selbst nichts anderes wollte als Schreiben, in jedem Augenblick, ohne alle Rücksicht auf sich. Sein ›Tell‹ war nach sechs Wochen fertig. Sechs Wochen! Und wie lang saß ich an meinem Zeug! Ich wollte, daß er krank ist, ich mußte nur dafür sorgen, daß er krank blieb, und deshalb riet ich dem Herzog, daß er ihm eins ums andere auftrug, schon wegen Weimars gutem Ruf, und ihm riet ich, sich schön einzurichten, mit Tapeten für sein eignes Schlafzimmer, Möbel, Diener dazu, damit er wegen der Schulden brav weiterschrieb.

Er schrieb sich zu Tode, doch daß das so weit gehen würde, das hätt ich im Traum nicht gedacht. Das lag doch nicht in meiner Absicht. Das doch nicht. Das müssen Sie mir glauben. Doch gleichwie – am Ende sahen wir uns nur noch sehr selten und dann auch nur, wenn die Bühne das erforderte. Ich war oft weg, und er saß zuhause und schrieb und litt. Für sein Sterbehaus hat er alles zusammengekratzt und geborgt, was ging, um's zu kriegen. Esplanade selbstverständlich. Beste Lage. Er war ja wer. Einen Dramenplan hat er sich gemacht. Jedes Jahr ein Stück hatte er vor zu schreiben, und sein Gartenhaus in Jena hat er dafür verkauft, um den Umbau zu zahlen und das alles. Zimmer für Charlotte, Zimmer für die Kinder, Regale für sein Arbeitszimmer unterm Dach, Tapeten für sein Arbeitszimmer, grün selbstverständlich. Schöne Farbe, hab ich gesagt. Alles in allem, mit Umbau und

trockenwohnen, lebte er darin drei kurze Sommer und drei lange Winter.
Im Arm seines Dieners ist er gestorben. Neun Tage hat er dazu gebraucht. Schiller starb nicht – Schiller verreckte. Hier. Steht alles hier drin. Abschriften der Aussagen, alle Berichte – alles da. Ich war nicht dabei. Ich war selbst krank, und was hätt ich auch tun sollen. Es war zu spät. Ich hab's gelesen, steht alles in dem Packen. Immer wieder und wieder, seit ich ihn hierhab, den verdammten Schädel, hab ich's gelesen und alles, was sie über Schiller schreiben und über Weimar. Ich soll ja lesen, also les ich. Ich soll schreiben, also diktier ich. Das tut mir gut, das hilft mir, sagen sie. Und nehmen Sie ihre Medizin. Die wissen gar nichts.
Er war ins Theater gegangen an dem Abend. Wir hatten uns sogar getroffen. An dem Abend begann's. Er bekam wie immer erst Krämpfe im Bauch, was auch sonst, dann Fieber wie gehabt, und er klagte über Schmerzen in der Brust. Er hustete wieder. Spanische Fliege wurde ihm gegeben, um ihn aufzuputschen, und Kampfer. Vor seinem Schlafzimmerfenster stand ein Holunderbaum, um immer Tee bei der Hand zu

haben. Den Auswurf konnte er nicht rauskriegen. Er bekam Angst. Todesangst. Dann wurde er in ein Bad gesetzt, das half. Er schlief ein wenig, dann ging's ihm besser. Er stand sogar auf und lief herum. Dann wurde er wieder unruhig, er stöhnte und redete irr. Seine Hände zitterten. Sein Bauch war aufgetrieben. Die Verstopfung eben. Steht da. Steht alles da drin. Charlotte kümmerte sich, selbst seine vielgeliebte Caroline kam, und das wird ihn gefreut haben. Die Kinder wurden ihm gebracht. Seine Kleinste, die Emilie, war noch nicht lang geboren. Die Angst kam wieder. Nochmal ein Bad, aber das war zuviel für ihn. Danach fiel er in Ohnmacht. Richtig hell wurde er nicht mehr, und das war gnädig. Dann lief ein Zucken über sein Gesicht, abends gegen halb sechs. Ende und Aus.

Charlotte hat seinen Schreibtisch verhängt. Ein Blatt aus seinem ›Demetrius‹ lag noch drauf. Das war das Letzte, was er geschrieben hat. Dann haben sie ihn aufgemacht, am Tag danach, dann mitten in der Nacht begraben in einem zusammengezimmerten Sarg. Dünnes Holz ist billiger. Die Schneidergilde war mit dem Sargtragen dran, doch dazu kam's, zum Glück, denn doch nicht. Ein paar rasch zusammengetrommelte Bekannte trugen ihn und schimpften vor sich hin, weil er so groß und so schwer war. Bei Nacht und Nebel brachten sie ihn weg, als ob er die Pest gehabt hätte. Bei der nachgeholten Totenfeier gab's Mozarts Requiem. Mozart hatte ich noch als Kind selbst gehört, mit dessen Schwester, in Frankfurt. War er so gut? So gut wie Mozart oder so gut wie ich? War er ein Genie? Sicher, das war's ja. Wird bleiben, was er schrieb? Bald nach seinem Tod führte ihn niemand mehr auf, und ich erst recht nicht. Sie haben gesammelt für Charlotte und für die Kinder, da kam Stattliches zusammen, doch darauf kommt's doch nicht an. Wird bleiben, was ich schrieb? Bin ich ein Genie?

Seine Kleinste hat bei der Feier gelacht und gequiekt. Da hat sie's alle mehr gewürgt als bei dem ganzen Gerede drumrum. Den Sarg haben sie dann ins Gewölbe für arme Adelige abgelassen. Durch die Falltür abgelassen und auf die andern Särge gestapelt. Klappe zu – Schiller tot. Fast einundzwanzig Jahre lag er da und ein Sarg drauf und noch einer und noch einer, bis der Streicher das mitgekriegt hat, daß nicht einmal ein Stein für ihn gesetzt worden war. Da hat er keine Ruhe gegeben, bis das allen peinlich war. Sogar die Rechnung für das Begräbnis ist noch da. War teuer genug. 114 Taler, 17 Groschen, 3 Kreuzer, alles in allem, mit Nachtwächter, Lichtertragen, Schreiner, Schlosser, Flaschner für den Sarg und eine Laternenscheibe, die zu Bruch ging. Warten Sie, ich reich's Ihnen rüber. Oder nein, besser das: die Berichte über die Knochensucherei.

Seitenweise Särge und Wühlen. Wegen des Gestanks sind sie im kalten Frühling eingestiegen, mit Hacken und Schaufeln, ihn zu holen. Die Leichen oben am Verwesen, und die wenigen Särge, die noch halbwegs waren, sind zerfallen beim Berühren, doch von Schiller keine Spur. Knochen, Schädel lagen kreuz und quer oder waren vom Moder zugedeckt. Selbst den Tischler, der ehdem den Sarg gemacht hat, nahmen sie mit, und auch das nutzte nichts. Dann wieder runter in der Nacht, damit's niemand merkt und aufgeräumt. Knochen hierhin, Schädel dahin, und dann alle Schädel in einen Sack und her damit. Einer war dann eben Schiller. Und weil sie den Kinnladen nicht hatten, mußten sie noch einmal hinunter. Um alles besser zu überschauen, schafften sie nach oben, was sie schon ausgesondert hatten. Alles lag herum, im hellsten Licht vor aller Augen. Das zog die Gaffer an wie Fliegen. Die sie gekannt hatten, die lagen nun herum als Aas und Knochen.

Drunten gruben sie und stöberten weiter, und gegen den ständigen Fäulnisgestank rauchten sie, um ihn aus der Nase zu kriegen. Und dann nochmal runter, nach Schädel und Kinn, wegen des Gerippes, das sie sich zusammenbauten. Sieben Halswirbel, acht Rückenwirbel, vier Lendenwirbel, das Kreuzbein, Brustbein, beide Schlüsselbeine, beide Schulterblätter, die Oberarme, die linke Ellenbogenröhre, vier Mittelhandknochen, drei Fingerglieder, die Schenkelknochen, die Kniescheiben, Wadenbeine, Sprungbeine, Würfelbein, Keilbeine, Mittelfußknochen, das erste Glied des linken Zehs. Weiter paßte nichts zueinander. Sie legten alles fein säuberlich aneinander, und was noch irgendwie an Fleisch dran war, kratzten sie ab, als ob's ein Heiliger wär. Sind's seine? Sein Schädel? Was macht's. Einen jedenfalls haben sie in einen Sockel eingeschlossen, damit sie was haben zum Anbeten.

Ehrwürdig ging's zu, als sie den Kopf überführten.

Weihereden wurden geschwungen, und statt meiner sprach mein Sohn, was ich ihm aufgesetzt hatte. Ich war verreist. Sie sollten glauben, daß mich das zu sehr mitnahm und ich unmöglich dabei sein konnte, so wie ich sie die ganzen Jahre in dem Glauben ließ, ich würde um ihn trauern, so daß niemand wagt, mich auf ihn anzusprechen. Aber ich trauerte nicht, ich wollte nur nicht noch mehr an ihn denken, als doch eh schon all die Zeit. Ich wollte nicht an ihn erinnert werden, an ihn nicht und nicht an seinen Tod. An den Tod schon gar nicht. Ja, Herrgott, ich fürchte den Tod! Und das Vergessenwerden! Ja und? Sie nicht? Ich will den Tod nicht mehr sehen. Ich bin ihm schon zu oft begegnet. Der Tod ist hier, ich weiß es. Er besucht mich. Wieder. Wieder. Wieder. Hätt ich den Schiller besuchen sollen, als das noch ging? Ich hab ihn nicht besucht. Er war das, was er am Anfang war: lästig. Er roch nach Tod, und das vertrag ich nicht. Hab ich nie vertragen. Ich werd immer krank davon. Bin ich krank, kann ich nicht schreiben. Ich will nicht krank sein! Ich bin nicht krank! Ich muß mich erinnern, sagen sie, an meine Toten. Wenn Sie sich erinnern, werden Sie gesund. Ich muß alles aufschreiben. Ich muß den

Schädel hier haben, er hilft mir. Ich muß schreiben, immer weiter aufschreiben. Diktieren, diktieren, alles, was mir einfällt. Ich muß, ich muß malen. Ich mal mit Grün. Ich muß alles aufmalen. Sie haben doch gemalt, sagen sie. Lesen Sie, Sie lesen doch gern. Lesen ist gut für Sie. Lesen Sie alles über Schiller, Sie mochten doch Schiller. Wir bringen Ihnen alles über Schiller und alles über Weimar. Schreiben Sie alles auf, was Ihnen einfällt. Nun stellen Sie sich nicht so an, Sie haben doch schon so viel geschrieben. Diktieren Sie vor sich hin, wenn Sie nicht schreiben wollen. Wir hören Sie dann schon.
Also schreibt schon: Da hatten sie wieder zu Zischeln. Diesmal wegen ihm. Diesmal nicht Goethe der Bock und die Vulpius, die Pritsche, sondern Goethe der Feigling. Er hat ihn nicht einmal besucht. Ich. Ich. Ich. Goethe, Goethe, Goethe. Ging ich durch die Gassen und denk nach – hochnäsig. Nahm ich die Kutsche – der hält sich für was Besseres. Recht machen konnt ich's keinem. Wie ich's machte, war's verkehrt. Ich bin schuld. Natürlich. An allem. An schlichtweg allem. Auch an Schillers Tod. Freilich. Auch das. Ich hab ihn umgebracht! Das Geld für die Ta-

peten, die schönen, grünen, arsengetränkten, schimmelnden Tapeten – das Geld, das hatte er von mir. Grün, schöne Farbe, hab ich gesagt. Goethe: Schillers Mörder! Glauben Sie wirklich, daß ich ihn ermordet hab? Hab niemanden ermordet. Niemanden. Niemanden! Ich hab meine Familie nicht umgebracht Und meinen Bruder auch nicht. Das war ich nicht. Das war nicht ich. Ich bin kein Teufel. Das war der Tod. Er kommt und holt einen ab, dann muß man mit und machen, was er sagt. Der Tod lacht einen an. Ist doch auch zum Lachen. Sie sehen – ich lache. Ich lach mich tot! Ich bin der Tod! Ich bring ihn mit! Er ist um mich. Er ist in mir. Ich trag ihn mit herum.

Genug! Genug. Schluß. Verbrennen Sie's. Alles. Sofort. Und den hier – schaffen Sie das weg! Schaffen Sie das weg. Schafft das weg! Schafft das weg!! Schafft das weg, um Himmels willen. Er ist schon viel zu lang bei mir. Viel zu lang schon. Viel zu lang. Bitte. Bitte! Bitte!

Er hämmert gegen die Tür. Keiner kommt. Er verstummt. Er öffnet den Vorhang. Durch das Fenster Tag. Er setzt sich. Er nimmt Samtkissen und Schädel, und wiegt sie auf seinen Knien. Er summt vor sich hin: »Es ist ein Schnitter, der heißt Tod.«

– Ende –

Weimar, Fürstengruft, ein Sarkophag. Aufschrift: »Schiller«. Darin ein Schädel, ein Gerippe. Der Gang zu ihnen: eine Wallfahrt. Andächtige Ruhe, stilles Gedenken, Neugier. Tausende besuchen das Grab, Abertausende haben das Grab besucht. Schillertassen, Schillerbüsten: ein gutes Geschäft. Bezeichnung des Sarkophags im Lageplan der Fürstengruft: »Friedrich von Schiller. 10.11.1759 bis 9.5.1805.« Abseits davon stand ein namenloser Sarg. Darin ein Gerippe, ein Schädel. Keine Besucher, kein Gedenken. Bezeichnung im Lageplan der Fürstengruft: »Unbekannt (1911 von der Forschung für den Schädel Friedrich Schillers gehalten).« Zwei Schädel, zwei Gerippe. Dazu: Verschiedenste Totenmasken, elf als »Schillerhaar« bezeichnete Haarbüschel verschiedener Farbe, verschiedener Wellung, an fünf verschiedenen Orten. Drei davon stimmen überein. Einer vergleichenden Erbgutuntersuchung aller Schiller zugewiesenen Knochen, Schädel und Haare wurde nicht zugestimmt. Der namenlose Sarkophag ist weg. Das Rätsel um Schillers Gebeine ist ungelöst, die Geschichte ihrer Bestattungen gleicht einer Irrfahrt, die Beweisführungen zur Echtheit der Gebeine einem Gestrüpp.

Rückblende: 9. Mai 1805. Schillers Todestag. Ein elender Tod. Neun Tage dauert sein Sterben. Die Berichte über seine letzten Tage sind unterschiedlich. Sie lassen kaum Schlüsse auf die letztendliche Todesursache zu. Am Abend des 1. Mai 1805 Schüttelfrost. An den Tagen danach erbricht Schiller. Von Fieber wird gesprochen, und Krämpfen. Er ist bei klarem Verstand. Er schläft schlecht. Husten, bis er nur noch stammelt. Blutegel werden angesetzt, Spanische Fliege gegeben. Umsonst. Schiller röchelt nur noch. Er kann den Schleim nicht abhusten. Angstanfälle. Ein Bad lindert die Schmerzen. Er schläft und spricht im Schlaf. Die Unruhe nimmt zu, er stöhnt, Gesicht und Hände zucken. Dann sein letzter Tag: Er erwacht nach unruhiger Nacht. Er klagt über Angst, Herzbeklemmungen. Noch einmal ein Bad. Er fällt in Ohnmacht, redet irr. Wilhelm Ernst Christian Huschke, Schillers Arzt, der erst am 6. Mai zur täglichen Behandlung kam: »Gegen Abend um ½ 6 Uhr bekam er schnell einen Nervenschlag. Auf Reiben, Moschus innerlich und

Goethe bei der Betrachtung von Schillers Schädel

flüchtige kräftige Einreibungen schien sichs zu beruhigen; allein auf ¾ auf 6 Uhr repetierte der Schlag heftig, und er blieb plötzlich. Da er lange einen elenden Körper hatte und ungesund war, so machten wir den Tag drauf nachmittags die Sektion und fanden folgendes Merkwürdige: 1. Die Rippenknorpel waren durchgängig und sehr stark verknöchert. 2. Die rechte Lunge mit der Pleura von hinten nach vorne und selbst mit dem Herzbeutel ligamentartig so verwachsen, daß es kaum mit dem Messer gut zu trennen war. Diese Lunge war faul und brandig, breiartig und ganz desorganisiert. 3. Die linke Lunge besser, marmoriert mit Eiterpunkten. 4. Das Herz stellte einen leeren Beutel vor und hatte sehr viel Runzeln, war häutig, ohne Muskelsubstanz. Diesen häutigen Sack konnte man in kleine Stücken zerflocken. 5. Die Leber natürlich, nur die Ränder brandig. 6. Die Gallenblase noch einmal so groß als im natürlichen Zustande und strotzend von Galle. 7. Die Milz um ⅔ größer als sonst. 8. Der vordere konkave Rand der Leber mit allen naheliegenden Teilen bis zum Rückgrat verwachsen. 9. Die rechte und linke Niere in ihrer Substanz aufgelöst und völlig verwachsen. 10. Auf der rechten Seite alle Därme mit dem Peritonäum verwachsen. 11. Urinblase und Magen waren allein natürlich. Bei diesen Umständen muß man sich wundern, wie der arme Mann so lange hat leben können.« Huschkes Befund ist uneinheitlich. Ihm wird vorgeworfen, in Teilen frei erfunden zu sein. Weitere Leichenbeschauungen durch Huschke sind vor oder nach Schiller nicht zu belegen. Seine Angaben sind lückenhaft. Keine Hinweise über die gesetzten Schnitte; ob der ganze Körper geöffnet wurde oder nur die Brust. Wo die Obduktion stattfand, ist nicht belegt. Wer sie warum anordnete, ist nicht bekannt. Das Totenbett ist ungeeignet. Der Blutaustritt ist zu stark. Eingehende Untersuchungen der einzelnen Organe sind nicht vermerkt. Ob die Organe gänzlich entnommen oder zurückgelegt und Schiller vernäht wurde, ist nicht vermerkt. Auch Huschkes Bericht läßt die ausschlaggebende Todesursache offen. Lungenschwindsucht wurde angenommen, Entzündung des Bauchfells, Vereiterung des Rippenfells, Verschlingung des Darms, vorsätzliche oder unabsichtliche Eisenhutvergiftung. Eine weitere Vermutung: Gewollte oder ungewollte Vergiftung durch Arsen. Arsen ist ein Halbmetall. Arsenver-

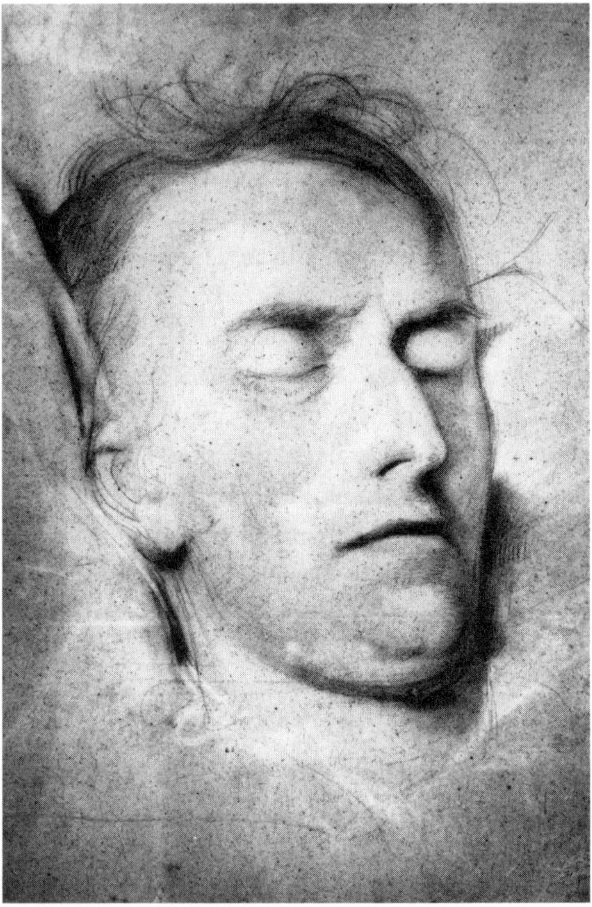

Schiller auf dem Totenbett

bindungen sind hochgiftig. Bis ins 19. Jahrhundert hinein wurden arsenhaltige Farben hergestellt. »Schweinfurter Grün«, ein gegen Licht und Luft beständiges Farbpigment, wurde für Tapetenfarbe verwendet. Ein in Hausmauern verbreiteter Schimmelpilz baut bei Feuchtigkeit das Arsenpigment ab. Er setzt Trimethylarsin frei, das zu einer schleichenden Vergiftung führt.

10. Mai 1805. Bevor er aufgeschnitten wurde, wird Schiller gezeichnet, dann nimmt Ludwig Klauer eine Totenmaske ab. Aus ihr stellt er Gesichtsabgüsse für Ganzkopfmasken her. Eine der Masken, die sogenannte Weimarer Maske, ist aus Gips, die zweite, die sogenannte Schwabsche Maske, ist aus Ton. Ob zur Anfertigung der Hinterköpfe der Ganzkopfmasken Schillers Kopf, der eines Geköpften oder Schillers abgeschnittener Kopf verwendet wurde, ist nicht geklärt. Zwei Tage liegt Schiller, bis der Sarg angefertigt ist, dann wird er hineingebettet.

12. Mai 1805, kurz nach Mitternacht. Friedrich Schillers Leiche wird zum Weimarer Begräbnisgewölbe für verarmte Adelige getragen. Ein Mas-

sengrab. Wolkenfetzen ziehen über den Himmel, manchmal tritt der Mond hervor, die Straßen sind totenstill, eine trübe Mainacht. Die Schneidergilde ist für das Schleppen von Särgen eingeteilt, doch das wird verhindert. Karl Schwabe, der Schiller verehrt, ruft mühsam Träger zusammen, die den Toten kannten. Sie geben ihm das Geleit. Vor der Tür seines Hauses nehmen sie den Sarg auf. »So ging unser Zug durch die Esplanade, über den Markt, durch die Jakobsgasse auf den alten Kirchhof vor der St.-Jakobs-Kirche, nach dem auf ersterm befindlichen Kassengewölbe, vor welchem wir den Sarg niedersetzten. Das Gewölbe wurde geöffnet, und der Totengräber mit dreien seiner Gehilfen trugen ihn hinein, öffneten hier eine Falltür, und der teure Tote wurde in die unterirdische, dunkle, von keinem Lichtstrahl erhellte Gruft an Seilen hinabgesenkt, so den hier schon Begrabenen beigesellt, die Falltür wieder niedergelassen und dann das äußere Tor des Gewölbes verschlossen. Kein Trauergesang, kein Wort.« Der teure Tote. Einer der Träger erinnert sich: »Der hinter mir mahnt mich zu tragen, und ich sehe, daß es allen schwer ist, und ich tue mein möglichstes. Alle klagen; jeder glaubt, den schlimmsten Platz zu haben. Die Pausen werden immer länger. Ich finde endlich einen, der mich ablöst.« Die Leiche Friedrich Schillers ist schwer, der Sarg nicht. Er ist aus dünnem Holz, das rasch verfällt. 18 Taler, 20 Groschen hat der Zimmermann genommen. 114 Taler, 17 Groschen, 3 Pfennige sind insgesamt zu zahlen, für den Kapellendiener, den Nachtwächter, Schlosser, Tischler, Flaschner. Die Scheibe einer Laterne ist zerbrochen. Das meiste bekommt der Stadtkirchner für den Geistlichen der Begräbnisfeier am Nachmittag darauf. Gespielt wird aus Mozarts Requiem. Der Geistliche spricht nur kurz. Friedrich Wilhelm Riemer: »Geradeheraus: eine Salbaderei, deren er sich zu schämen hat.« Die Kirche ist voll, sie stehen bis ins Freie. Emilie, Schillers kleine Tochter, ist vergnügt. Ihr Lachen schnürt der Trauergemeinde das Herz zusammen. Die Totenfeier ist vorüber, Schillers Leiche ist begraben. Kein Gedenkstein wird ihr gesetzt. In Weimar spricht bald niemand mehr von ihr. 20 Jahre lang.

Christian August Vulpius, 21. Mai 1805: »Die Menschen sind hier gar sonderbar! Es ist schon, als wenn gar kein Schiller unter ihnen gelebt hätte, so, wie's bei Herdern auch war. Alles hat mit seinen ökonomischen Lagen zu tun, und alle jagen nur der Zerstreuung nach.«

Johann Wilhelm von Archenholz, Juni 1805: »Schrecklich. Diese Übereilung mit der Beerdigung, die durch keine warme Witterung notwendig gemacht wurde! Diese äußerste Stille! Diese Mitternachtsstunde, wie bei dem Begräbnis eines an der Pest Verstorbenen! Dieser isoliert fortgeschleppte Sarg ohne alles Gefolge! Diese bestellten Handwerker, die in Weimar die Leiche eines Schillers zu Grabe tragen sollten!«

Reisebericht, anonym, 27. November 1819: »Vergeblich forschte ich auf dem Stadtkirchhof zu Weimar nach dem Grabstein Schillers. Endlich führte mich der heisere Küster in eine entlegene Ecke des Platzes, und mich vor ein altes, verfallendes Häuschen postierend, sagte er mir halb vertraulich: ›Hier liegt er!‹ Der Mann hatte ein ganz ehrliches Gesicht, und so kann man ihm wohl aufs Wort glauben. Fünf Schritte von diesem ehrwürdigen Grabe ist ein großer Obelisk aufgerichtet. ›Herder? Musäus?‹ rief ich. Nein! Ein Handwerksbursche, der einst bei einer Feuersbrunst jemandem das Leben rettete.«

Winter 1825. Die Stimmen zu Schillers heimlichem Begräbnis sind nie ganz verstummt, besonders Andreas Streicher mahnte eindringlich eine würdigere Begräbnisstätte an. Goethe nennt ihn einen Verrückten. Das Kassengewölbe kann keine Toten mehr fassen, der Bau zerfällt. Im Frühjahr 1826 wird Schillers Sarg gesucht. Schiller war großgewachsen. Sie suchen einen großen Sarg. Mit dabei: Karl Schwabe, unterdessen Bürgermeister von Weimar. 13. März 1826: »Allein die vielen auf- und nebeneinander stehenden Särge, von denen mehrere so morsch waren, daß sie beim Anfassen auseinander- und zusammenfielen, beengten den Raum so sehr, daß eine weitere Nachforschung durchaus nicht möglich war; die in den zerfallenen Särgen befindlich gewesenen Leichname waren aber dergestalt der Verwesung übergegangen, daß nicht einmal eine Spur von Knochen mehr zu erkennen, viel weniger, daß, wenn nicht sonstige Kennzeichen an den Überbleibseln des Sarges vorhanden, ein Erkennen des in dem Sarge gelegenen Leichnams möglich war.« Von Schillers Sarg keine Spur. Nichts weist auf ihn hin. Karl Schwabe gibt nicht auf. Am Morgen des 15. März 1826 wird noch einmal gesucht. »Wir gelangten nach drittehalbstündigem Aufenthalt in dem Gewölbe und stetem Nachforschen zu der traurigen Überzeugung, daß es schlechthin unmöglich sei, Gewißheit und Wahrheit darüber zu erlangen, welches hier die irdischen Überreste Schillers seien.« Die Suche spricht sich herum. Sie wird mißbilligt. Die Ruhe der Toten ist heilig. Um kein weiteres Aufsehen zu erregen, steigen sie nur noch nachts ein, um wenigstens nach Schillers Schädel zu suchen. Die wenigen gut erhaltenen Särge werden zusammen mit ausgesonderten Knochen an Seilen aus der Gruft gezogen und in die Vorhalle gestellt. Tagelang stehen sie dort, vor Blicken nur notdürftig verborgen. Weil noch immer nichts zu finden ist, wird die Suche unterbrochen, und der Tischler geholt, der Schillers Sarg gemacht hatte. »Die Beerdigung habe, wie er sich sehr deutlich und klar erinnere, sehr schnell geschehen müssen, weil die Leiche sehr übergegangen gewesen, und alles sei mit möglichster Kostenersparnis gesche-

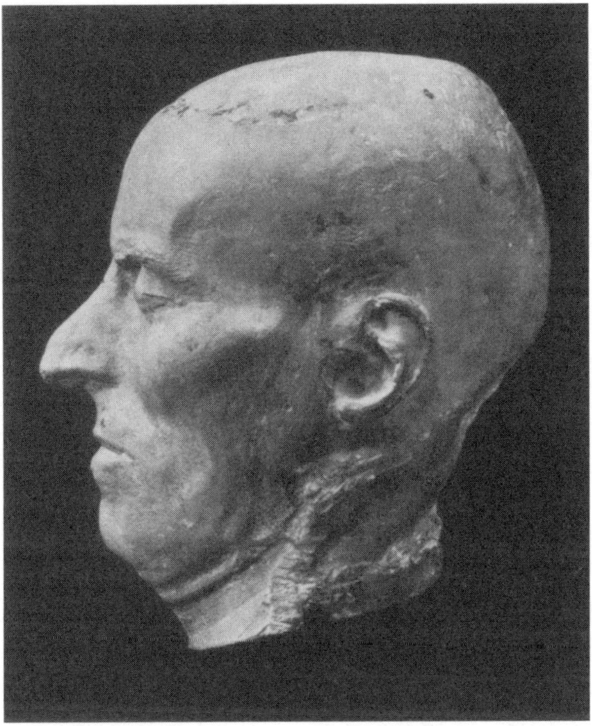

Die Schwabsche Maske aus Ton

hen, darum er auch einen sehr einfachen Sarg fertigen müssen, auf welchem seines Wissens nicht einmal ein Schild gekommen sein würde. Ein solcher einfacher Sarg daure aber auch in einem Gewölbe wie diesem, wo so sehr die Fäulnis herrsche und aller Luftzug fehle, nicht sehr lange.« Die wenigen Namensschilder, die sie im Grabschutt finden, ergeben nichts. Die Suche wird abgebrochen, doch noch einmal steigt Karl Schwabe in das Kassengewölbe hinab. Die Mitsuchenden werden zu Stillschweigen verpflichtet. Um nicht noch mehr aufzufallen, müssen sie einzeln und ohne Laternen zum Friedhof kommen. Nur in der Gruft werden wenige Laternen angezündet, deren Schein nicht nach außen dringt. Karl Schwabe sitzt auf der Leiter zum Gewölbe. Er überwacht die Suche, ordnet an, die Sargtrümmer in einer Ecke aufzuschichten, gefundene Knochen und Schädel zu einem Haufen zu türmen. Sie graben und wühlen. Karl Schwabes Erinnerung an den 19. März 1826: »So wurde einige Nächte hindurch immer von 12 bis 3 Uhr früh gearbeitet, und es wurden dreiundzwanzig Schädel im ganzen Gewölbe gefunden. In der letzten Nacht und nachdem ich die Überzeugung gewonnen, daß kein Schädel weiter in dieser Todesstätte vorhanden sei, ließ ich alle dreiundzwanzig Schädel in einen großen Sack tun und in meine Wohnung tragen. Das Scheußliche des Aufenthalts in dieser lang nicht geöffneten, nur mit dem heftigsten Modergeruch angefüllten Totengruft unter herumliegenden Schädeln und Totengebeinen läßt sich nicht beschreiben, und nur das eifrigste Tabaksrauchen gab mir einige Erleichterung. – Nachts 3 Uhr in meiner Behausung angekommen, stellte ich alle dreiundzwanzig Schädel auf einer Tafel auf. Unter ihnen zeichnete sich einer vor allen andern durch seine Größe aus und daß er mit schönen, wohl erhaltenen Zähnen versehen war.« Er hat eine Eingebung: Schiller war groß, der größte Schädel muß Schiller sein. Er benutzt die Totenmaske aus Ton, die Schwabsche Maske, er mißt und vergleicht sie mit dem einen der dreiundzwanzig Schädel, den er ausgewählt hat. Drei Ärzte bestätigen sein Urteil. Der Schädel wird für echt erklärt. Die Kinnlade aber fehlt. »Darum begab ich mich, des regsten Eifers voll, gleich die nächste Nacht mit dem Schädel wieder in das Kassengewölbe, suchte unter dem Haufen der einzelnen Gebeine nach Kinnladen um, paßte gefundene dem Schädel an und fand endlich die in die Pfannen des Schädels genau passende, die, in meine Wohnung zurückgekehrt, an keinen der übrigen zweiundzwanzig Schädel anpaßte.« Dem Schädel, den er für Schiller hält, fehlt ein Zahn. »Der gefundene Schädel Schillers hatte alle Zähne bis auf einen, der vielleicht erst beim Aufsuchen des Schädels herausgefallen war. Es war dies um so auffallender, als bei keinem einzigen der übrigen zweiundzwanzig Schädel dies der Fall war. Allen ermangelten die Zähne bis auf einzelne Stifte entweder ganz, oder sie waren doch höchst unvollständig.« Schillers einstiger Diener bestätigt, daß Schiller nie an Zahnweh gelitten habe. Ein weiterer Diener gibt an, nur ein Zahn sei Schiller je gezogen worden. Karl Schwabe ist sich sicher, den richtigen Schädel gefunden zu haben. Er fordert ein Grabmal für Schiller. Das wird vereitelt.

Ein halbes Jahr später, 16. September 1826. Karl Schwabe muß Goethe den Schädel ausliefern. In der Anna-Amalia-Bibliothek ist eine Holzsäule bereitgestellt worden, darin ein verschließbares Fach. Die Stimmen gegen das unwürdige Begräb-

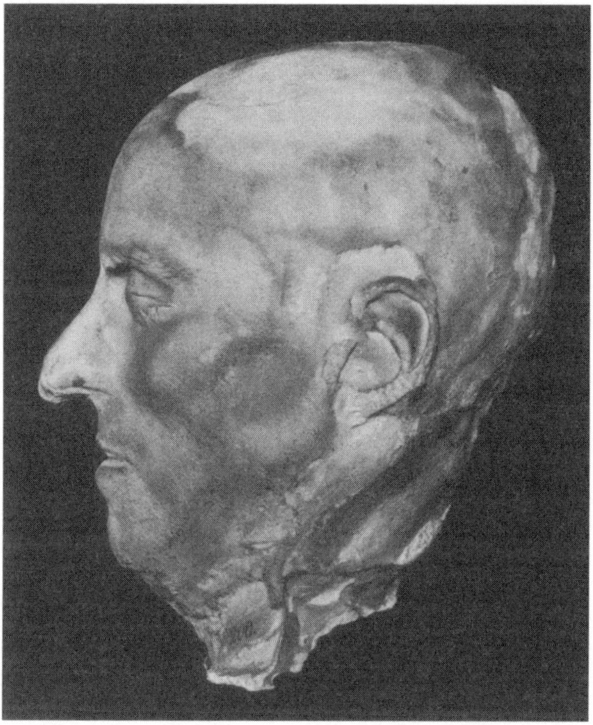

Die Weimarer Maske aus Gips

nis Schillers haben gefruchtet. Säule und Fach werden als Ruhestätte des Schädels für angemessen gehalten. Bei der Überführung des Schädels sind nur wenige Teilnehmer zugelassen.

Sonntagmorgen, 17. September 1826: Aufstellung des Schädels. »Der Schillersche Sohn übergab mittelst einer angemessenen kurzen Rede den in blaues Papier eingehüllten, versiegelten Schädel seines verstorbenen Vaters, indem es ›den rastlosen Bemühungen des Bürgermeisters Hofrats Schwabe gelungen sei, diesen kostbaren Überrest aus der Zerstörung der Zeit zu retten‹, an den Geheimen Kammerrat v. Goethe, welcher ihn statt und in Auftrag seines Vaters, des Staatsministers, als Hauptes der ›Großherzoglichen Oberaufsicht über alle unmittelbare Anstalten für Wissenschaft und Kunst‹, in Empfang nahm und das Paket öffnete. Auch ist aus v. Schillers Rede hieher zu bemerken, daß er ausdrücklich meinte: ›Es dürfte dieser Schädel als der wirkliche und echte seines Vaters anzunehmen sein.‹« Johann Wolfgang von Goethe, der Schiller während seiner letzten Tage nicht besucht hat, weil er, wie er sagte, krank war, hat die Rede Augusts von Goe-

the aufgesetzt. Er selbst gibt an, zu erschüttert für eine Totenfeier zu sein.
Goethes Tagebuch, 17. September 1826: »Verabredung mit meinem Sohn wegen des heutigen Actes. Sodann mit Ottilien nach Berka gefahren. Spazieren in der Allée und sonstigen Räumen. Kam Herr Badeinspector Schütz. Wir frühstückten. Gingen in das neue Haus, wo wir mit Vergnügen verweilten. Waren um 2 Uhr zurück.«
Der Schlüssel für das Säulenfach wird Goethe übergeben. Er hat freien Zugang zu dem Fach.

Am 20. September 1826 ergeht Goethes Befehl, in der Gruft nach Schillers restlichen Gebeinen zu suchen. Schillers Gebeine ruhen seit mehr als 25 Jahren. Bis 1821 wurde das Kassengewölbe genutzt, weiter Sarg auf Sarg darin gestapelt. Die Suche beginnt am 23. September mittags, ein Samstag. Ein Gerippe wird zusammengestellt. Einundachtzig Einzelknochen insgesamt. 24. September 1826: Johann Wolfgang von Goethe ordnet an, ihm den Totenschädel aus der Bibliothek zu bringen. Am selben Abend beginnt er das Gedicht ›Im ernsten Beinhaus wars‹. Mittwochabend, 27. September: Die Suche nach Schillers

Gerippe ist abgeschlossen. Die Knochen werden in der Bibliothek verwahrt. Der Schädel bleibt bei Goethe. Er legt ihn auf ein blausamtenes Kissen. Er stellt den Schädel auf seinen Schreibtisch. Er gibt einen abnehmbaren Glassturz in Auftrag. Am 30. Dezember 1826 zeigt Goethe als einzigem Wilhelm von Humboldt den Schädel. Goethe drängt auf ein gemeinsames Grabmal für sich und Schiller. Er äußert Wünsche und Vorstellungen. Das Grabmal wird entworfen, die Ausführung unterbleibt.

Ein Jahr später, August 1827. Großherzog Karl August an Johann Wolfgang von Goethe: »Soeben fahre ich mit dem König von Bayern nach Belvedere, dann auf den neuen Gottesacker, den Er sehn will, und dann zu Dir; das möchte so in der 10. Stunde sein. Hernach möchte der König die Bibliothèque und daselbst Schillers Schädel sehn! Letzteres kannst Du nur möglich machen; deswegen ersuche ich Dich, die nötigen Anstalten dazu treffen zu lassen.« Ludwig von Bayern wird ein Schädel gezeigt, der in die Holzsäule gestellt wurde. Die Aufbewahrung mißfällt ihm. Großherzog Karl August an Goethe, 24. September

1827: »Es wird so verschiedentlich über die Aufbewahrung der Schillerschen Relikten (seines Kopfes und Skeletts) auf hiesiger Bibliothèque hin und her geurteilt und meistens wohl mißbilliget, daß ich es für ratsam halten möchte, selbige in dem Kasten, in welchem sie liegen, inclusive des Hauptes, von welchem vorher noch ein Abguß zu nehmen wäre, in die Familiengruft einstweilen setzen und aufheben zu lassen, welche ich für mein Geschlecht auf dem hiesigen Friedhof habe bauen lassen.« Der Abguß des Schädels erfolgt im Auftrag Goethes durch Johann Peter Kauffmann. Für die Form und drei Ausgüsse werden 5 Taler fällig. Der Kauffmannsche Abguß aber unterscheidet sich insbesondere durch die Neigung der Stirn von der Schwabschen und der Weimarer Maske. Dennoch gehen die Nachgüsse der Kauffmannschen Maske als »Schillerschädel« in alle Welt. Ob Kauffmann den Schwabschen Schädel nicht sorgfältig abgegossen hat oder einen in Goethes Auftrag gereinigten Schädel eines Fremden, ist nicht geklärt. Der gegen Goethe erhobene Vorwurf: Um Schillers Schädel zu behalten, habe er die Schädel vertauscht. Der Kauffmannsche Abguß sei an einem dem Schillerschen ähnlichen Schädel erfolgt, dem ursprünglich acht Zähne fehlten. Sieben Zähne seien an den Wurzeln passend zugefeilt und den leeren Zahntaschen eingesetzt, ein Zahn sei nicht ersetzt worden. Er gleiche damit dem Schädel, den Schwabe für echt hielt. Ob ein gefälschter Schädel oder der von Schwabe gefundene Schädel von Goethe in die Holzsäule der Bibliothek zurückgestellt wurde, ist nicht geklärt.

16. Dezember 1827: Der Schädel aus der Holzsäule und das zusammengesuchte Gerippe werden in einem Sarkophag der Weimarer Fürstengruft beigesetzt. Eine verstohlene Beisetzung in den frühen Morgenstunden. »Nachdem noch einige Anordnungen bezüglich auf den Transport des Sarkophags mit den teuren Resten des unsterblichen Schiller aus dem Bibliotheksgebäude nach dessen jetzigem Bestimmungsorte getroffen, wurde festgesetzt, daß der fragliche Sarkophag kommenden Sonntag, den 16. dieses Monats, in der fünften Frühstunde in aller Stille aus dem Bibliotheksgebäude abgeholt und der Akt der Beisetzung in der Fürstengruft um 6 Uhr früh stattfinden solle.« Schillers dritte Bestattung.

Wiederum begleiten nur wenige den Sarg. Diesmal trugen ihn Handwerker. »Derselbe ist 7 Fuß lang, 2 Fuß 8 Zoll breit, 2 Fuß 2½ Zoll hoch, von eichenen Bohlen, mahagoniartig gebeizt und poliert, in einfacher, antiker Form, mit einem auf beiden Seiten zum Verschließen eingerichteten Deckel, gefertigt vom hiesigen Tischlermeister Fleischhauer nach einer Zeichnung vom Herrn Oberbaudirektor Coudray. An der Kopfseite des Sarkophags ist das Wort SCHILLER in schwarzen eisernen Buchstaben angebracht.« Die Gebeine liegen auf einer mit Kräutern versetzten Seegrasunterlage, die mit roter Leinwand überzogen ist. Bedeckt werden sie mit einer roten Decke, die gleichfalls mit Seegras und Kräutern gefüllt ist. Im Schein der flackernden Kerzen bestätigt Karl Schwabe nach kurzem Blick die Echtheit des Schädels. »Der Sarkophag wurde demnächst wieder verschlossen und mit einem Lorbeerkranze geschmückt. Den Schlüssel zu demselben nahm der Herr Kammerherr und Geheime Kammerrat v. Goethe an sich. Hiermit war dieser denkwürdige Akt geschlossen, und die Versammlung entfernte sich.« Der anwesende August von Goethe händigt den Schlüssel zum

Sarkophag dem abermals abwesenden Johann Wolfgang von Goethe aus. Goethe hat wiederum freien Zugang. Über zwei Jahre später, am 6. Dezember 1830, übergibt er den Schlüssel zur Verwahrung an die Großherzogliche Bibliothek. »Heute mittag 12 Uhr erschien der Großherzogliche Bibliotheksekretär Friedrich Theodor Kräuter, allhier, auf mein Verlangen in meiner Behausung und erhielt von mir die Eröffnung: daß hinfort der Schlüssel zur Lade, welche des selig verstorbenen Hofrat Herrn Friedrich v. Schillers Gebeine enthält, die in der Fürstengruft beigesetzt sind, auf Großherzoglicher Bibliothek aufbewahrt und, vielleicht im dritten Zimmer des Kunstkabinetts in dem Chinesischen Schranke, in welchem sich bereits die Gipsmaske Schillers und dessen Porträt von Jagemann, beide gleich nach seinem Ableben gefertigt, befinden.« Zwei Jahre nach der Überführung der Gebeine in die Fürstengruft stirbt Johann Wolfgang von Goethe am 22. März 1832. Vier Tage darauf wird er neben ihnen bestattet.

1882 gelangen die Schwabsche Tonmaske und die Weimarer Gipsmaske in die Hand des Anatomen

Die Sarkopharge von Schiller und Goethe in der Fürstengruft

Hermann Welcker. Sie weisen wie alle Bilder, die Schiller zeigen, eine schmale, vorspringende Nase unter einer senkrechten Stirn auf. Er hält daher beide Masken für echt. Sie sind aber unterschiedlich groß. Er stellt fest, daß die Tonmaske kleiner ist als die Gipsmaske. Welcker erklärt den Größenunterschied mit der Schrumpfung des Tons beim Brennen. Er schließt daraus, daß die Gipsmaske den richtigen Schillerkopf zeigt. Da Welcker davon ausgeht, daß in der Fürstengruft der Schädel liegt, den Schwabe Goethe übergeben hat, und daß Schwabe den Schädel für echt hielt, nachdem er ihn mit der Tonmaske verglichen hatte, erklärt Welcker: Der in der Fürstengruft beigesetzte Schädel ist nicht Schillers Schädel. Führende Anatomen pflichten Welcker bei. Die seit über fünfzig Jahren andauernde Wallfahrt zu Schillers Sarkophag in der Fürstengruft habe den falschen Gebeinen gegolten. Die Schillerverehrer sind empört.

1911. August von Froriep folgt Welckers Ergebnis: Bürgermeister Schwabe hat nicht den richtigen Schädel gefunden. Im Gegensatz zu Welcker glaubt er jedoch, daß die größere Gipsmaske durch das Auftragen quellenden Gipses auf die Tonmaske hergestellt wurde und daher die Tonmaske den richtigen Schillerkopf zeige. Da die kleinere Tonmaske aber nicht mit der Stirnneigung des Kauffmannschen Abgusses übereinstimmt, kann der Schädel in der Fürstengruft nicht Schillers Schädel sein. Ein Vergleich mit den Gebeinen des Schillersarkophags ist auch ihm nicht möglich. Die Öffnung des Sarkophags wird ihm, wie schon Welcker, verweigert. Froriep schließt: Ist der richtige Schädel nicht in der Fürstengruft begraben, muß Schillers Schädel noch immer in der Erde des 1854 eingeebneten Kassengewölbes liegen. Das zerstörte Massengrab wird ausgehoben. Froriep birgt vierundsechzig Schädel. Der von ihm gefundene Schädel Nr. 34 gleicht der kleineren Tonmaske. Froriep hält ihn für Schillers Schädel. Führende Anatomen pflichten ihm bei. Wiederum werden zum Schädel passende Knochen gesucht. Ein Gerippe wird zusammengestellt. Der Großherzog von Weimar erlaubt die Bestattung des zweiten Schädels und des zweiten Gerippes in der Fürstengruft. 1914 werden sie in einem namenlosen Sarkophag beigesetzt. Schillers vierte Bestattung. Der zweite

Schillersarkophag der Fürstengruft wird hinter einem Vorhang verborgen. Unliebsame Fragen werden so vermieden.

Weimar, 1944. Zum Schutz vor Bombenangriffen werden Goethes und Schillers Sarkophage auf Befehl des Gauleiters aus der Fürstengruft in einen Jenaer Luftschutzbunker gebracht, der als Sanitätsrettungsstelle dient. Die amerikanischen Truppen rücken auf Jena vor. Im März 1945 ergeht Hitlers Befehl, alle dem Feind nutzbaren Anlagen zu zerstören, alles Kulturgut zu beseitigen. Anfang April 1945 erhält der für den Bunker zuständige Luftschutzarzt vom flüchtenden Gauleiter den Befehl, beide Sarkophage zur Vernichtung zu übergeben. Der Luftschutzarzt gibt Anweisung, die beiden Särge in einen Nebenraum des Bunkers zu bringen. Sie werden hinter Medikamentenschränken unter Verbandszeug versteckt. Am 12. April 1945 sucht der eingetroffene Vernichtungstrupp die Särge vergebens. Die Zeit läuft ihnen davon. Einen Tag später, am 13. April, wird Jena von den amerikanischen Truppen besetzt. Am 26. April kommt der aus Deutschland geflohene Jude Emil Ludwig nach

Weimar. Er reist im Auftrag der amerikanischen Streitkräfte. Er will in der Weimarer Fürstengruft einen Kranz an die Sarkophage legen, die er nicht vorfindet. Er macht sich auf die Suche, wird nach Jena verwiesen. Er findet den Bunker. Der Schlüssel dazu ist weg. Der Luftschutzarzt wurde verhaftet. Er verschafft sich dennoch Zugang und entdeckt die übereinandergestellten Särge. »Ich beleuchtete mit einem Streichholz die Aufschrift auf dem unteren Sarg und las die Buchstaben ›Schiller‹. Der obere Sarg Goethes war mit der Inschrift gegen die Mauer gerückt worden. Die Menge, die nachgedrängt war, stand lautlos, denn alle verstanden, was der Vorgang bedeutete. Ich rezitierte leise die ersten von jenen Versen, die Goethe ›bei Betrachtung von Schillers Schädel‹ schrieb.« Am 12. Mai 1945 werden die Sarkophage auf einem kleinen, offenen Lastwagen in die Fürstengruft zurückgebracht. Schillers fünfte Bestattung.

Weimar, 1959. Fäulnisschäden am Sarkophag erzwingen dessen Öffnung. Auch der namenlose Sarkophag wird geöffnet. Der auf Gesichtsrekonstruktionen spezialisierte Russe Michail Gerassimow wird gebeten, die eingesargten Überreste auf ihre Echtheit zu prüfen. Er nimmt von beiden Schädeln Abdrücke und fertigt daraus Kunstharzabgüsse. Er überzieht die Abgüsse mit Knetwachs, aus dem er die Weichteile der Gesichter nachformt. Die Weichteilstärke über festgelegten Gesichtsmeßpunkten hängt ab von Geschlecht, Alter, Ernährungszustand, Krankheit, Rasse. Gerassimow legt daher Durchschnittswerte zugrunde, die er aus Gesichtsweichteilmessungen untersuchter Leichen gewonnen hat. Er stellt fest, daß die Hirnschale des mit der kleineren Tonmaske verglichenen Froriepschen Schädels einer Frau von etwa zwanzig Jahren gehört haben muß. Der beigelegte Unterkiefer paßt nicht zum Oberkiefer. Er erklärt den Froriepschen Schädel für falsch. Seine Gesichtsnachbildung des Schädels aus dem Schillersarkophag ergibt eine Ähnlichkeit mit den Bildern, die Schiller zeigen, und mit den Ganzkopftotenmasken. Gerassimow erklärt den Schädel gegen Welcker und gegen Froriep für echt. Beide Sarkophage werden verschlossen. Schillers sechste Bestattung. Die Schädelabformungen und die Kunstharzabgüsse werden vernichtet, die gewonnenen

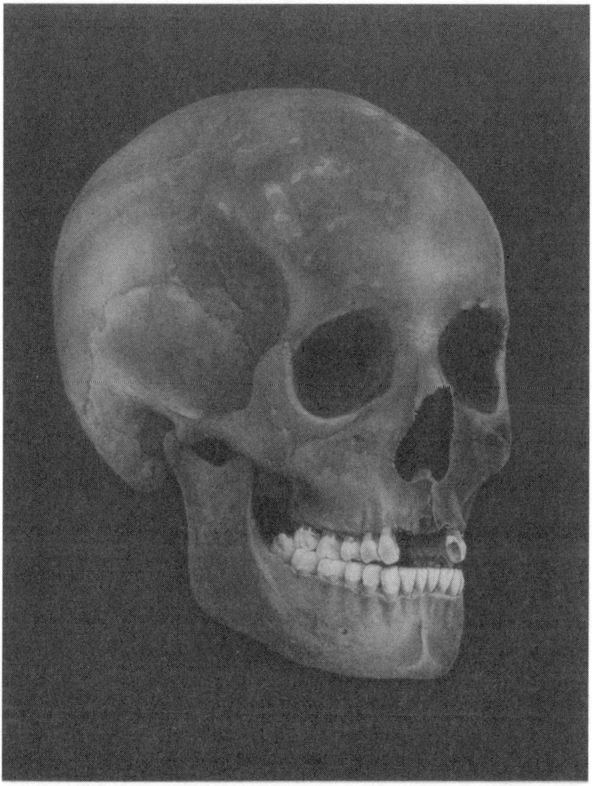

Schillers Schädel nach Froriep

Meßdaten nicht bekannt gegeben. Gerassimow stirbt, bevor er sie veröffentlichen kann.

Aus Gerassimows Bericht: »Als der rote Sarkophag mit dem 1826 entdeckten Skelett geöffnet wurde, war ich sofort beruhigt. Das Skelett eines sehr hochgewachsenen Menschen lag in anatomischer Anordnung vor mir. Sogar ein flüchtiger Blick ließ keinen Zweifel daran, daß der Schädel, sein Unterkiefer und die übrigen Gebeine eindeutig einer Person angehörten.« Was Gerassimow verschweigt: Dem aus der Holzsäule der Bibliothek entnommenen, in die Fürstengruft überführten Schädel, den er für echt erklärt, fehlten ursprünglich acht Zähne, die ersetzt wurden. Schwabes Beschreibung des von ihm gefundenen Schädels spricht nur von einem fehlenden Zahn. Herbert Ullrich, der Gerassimow hilft, entdeckt den Unterschied. Ein Bericht darüber wird veröffentlicht: Nicht Goethe, sondern Karl Schwabe wird vorgeworfen, er habe gewußt, daß Schillers wirklicher Schädel nicht mehr zu bestimmen sei. Er habe daher sieben der acht fehlenden Zähne dem größten der aufgefundenen Schädel eingesetzt, um ihn als Schillers Schädel auszuweisen.

Nachspiel. Anfrage an die Stiftung Weimarer Klassik: »In der Weimarer Fürstengruft standen zwei Sarkophage, die Schiller zugeordnet sind. Der im Plan der Fürstengruft mit I bezeichnete, bekannte, mit dem Namen Schillers versehene Sarkophag, und ein mit III bezeichneter, namenloser Sarkophag mit der Angabe ›Unbekannt (1911 von der Forschung für den Schädel Friedrich Schillers gehalten).‹ Sarkophag III steht nicht mehr an der bezeichneten Stelle. Daher die Fragen: Wurde der Sarkophag entfernt, warum wurde er entfernt, wo befindet er sich, wird er wieder in der Fürstengruft aufgestellt werden?« Antwort: Keine.

Zwei Schädel, zwei Gerippe, zwei Särge. Das Rätsel um Schillers Schädel ist ungelöst.

Zitatennachweis

»Gegen Abend um ½ 6 Uhr ...«: Schillers Tod und Bestattung. Nach den Zeugnissen der Zeit im Auftrag der Goethe-Gesellschaft dargestellt von Max Hecker. Leipzig: Insel Verlag 1835, S. 33.

»So ging unser Zug ...«: Hecker, S. 46.

»Der hinter mir mahnt ...«: Hecker, S. 49 [Zitat gegenüber der Vorlage leicht verändert, da es sich bei »sehe ich« und »tue ich« um Wortstellungsfehler beim Drucksatz zu handeln scheint].

»Geradeheraus ...«: Hecker, S. 59.

»Die Menschen sind hier gar sonderbar ...«: Hecker, S. 66.

»Schrecklich. Diese Übereilung ...«: Hecker, S. 248.

»Vergeblich forschte ich ...«: Hecker, S. 264.

»Allein die vielen ...«: Hecker, S. 102.

»Wir gelangten nach ...«: Hecker, S. 108.

»Die Beerdigung habe, wie er sich ...«: Hecker, S. 109.

»So wurden einige Nächte ...«: Hecker, S. 116.

»Darum begab ich mich ...«: Hecker, S. 117.

»Der gefundene Schädel ...«: Hecker, S. 119.

»Der Schillersche Sohn ...«: Hecker, S. 154.

»Verabredung mit meinem Sohn ...«: Goethes Werke. Weimarer Ausgabe. Abt. III, Bd.10, S. 244.

»Soeben fahre ich mit dem König ...«: Hecker, S. 210.

»Es wird so verschiedentlich ...«: Hecker, S. 211.

»Nachdem noch einige Anordnungen ...«: Hecker, S. 218.

»Derselbe ist 7 Fuß lang ...«: Hecker, S. 224.

»Der Sarkophag wurde demnächst ...«: S. 226.

»Heute mittag 12 Uhr ...«: Hecker, S. 235.

»Ich beleuchtete mit einem Streichholz ...«: Albrecht

Schöne: Schillers Schädel. München: C.H. Beck 2002, S. 31.

»Als der rote Sarkophag ...«: Henning Fikentscher: Der heutige Stand der Forschung über Friedrich Schillers sterbliche Reste. Mohrkirch: Selbstverlag 1990, S. 60.

Bildnachweis

Stiftung Weimarer Klassik und Kunstsammlungen: 63 (nach einer Form von Gustav Heinrich Eberlein), 66 (Bleistiftzeichnung von Ferdinand Carl Christian Jagemann), 85

August Froriep, Der Schädel Friedrich von Schillers und des Dichters Begräbnisstätte. Leipzig 1913: 73, 77, 91

Umschlagmotiv: Bible, Skull, and Candle in Monk Cell (Ausschnitt), Photo: © Danny Lehman/CORBIS

Inhalt

Anhang